AF411239

ABBREGE'
METHODIQUE
DES PRINCIPES
HERALDIQUES,
OV
DU VERITABLE ART
du Blason.

Par le P. C. FRANÇOIS MENESTRIER,
de la Compagnie de JESUS.

NOUVELLE EDITION.

Reveu Corrigé, & Augmenté.

A LYON,

Chez THOMAS AMAULRY
Merciere, à la Victoire.

___

M. DC. LXXVII.
Avec Privilege du Roy.

REQUESTE
A MONSEIGNEUR,
LE DAUPHIN

ONSEIGNEUR,

Ce n'est pas icy un ouvrage que je confacre à la gloire de vôtre Nom : ce feroit le profaner que de le mettre à la tête d'un Livre auffi peu confiderable que celuy-cy. C'eft, MONSEIGNEUR, une Requefte que je vous prefente, & c'eft aux lumieres de vôtre efprit, & à la penetration de vôtre incomparable jugement que je m'addreffe aujourd'huy

comme au trône de la Sageſſe ,
pour me plaindre de l'injuſtice
de celuy qui vous a fait un ſa-
crifice d'une victime dérobée, &
vous a mis entre les mains un
ouvrage qu'il m'a volé. Salomon
auſſi jeune que vous etes, pronon-
ça ſur un different de cette ſor-
te, & s'acquit le nom & la gloire
du plus ſage de tous les hommes
en jugeant deux meres qui diſ-
putoient pour un enfant enlevé.
Les Livres qui ſont les produ-
ctions de l'eſprit ſont ſujets aux
mémes violences. Il y a de faux
peres auſſi iniuſtes que cette
mere ſuppoſée qui vouloit que
l'on partageât en deux un enfant
pour en avoir une partie qui ne
luy eût ſervy de rien qu'à in-

sulter plus cruellement au mal-
heur de la vraye mere qu'elle
venoit de dépoüiller de ce bien le
plus cher qu'elle eût au monde.
Ils voudroient partager comme
elle les ouvrages de l'esprit, laif-
ser le travail aux Autheurs, &
par une usurpation iniuste s'at-
tribuer le peu de gloire qui peut
leur revenir de ce travail. C'est,
MONSEIGNEUR, ce qu'a fait
tout fraichement celuy qui vous
a presenté l'extraict de deux de
mes ouvrages sous ce titre aussi
chimerique qu'il paroit d'ailleurs fastueux. Methode Royale, facile, & historique du
Blason, composée pour
Monseigneur le D A V-
PHIN. Qu'y a-t'il MONSEI-

GNEUR, de Royal & d'historique en une Methode , qui
n'est qu'une grammaire d'Armoiries ? La voye par laquelle
on vous mene à la connoissance
des grandes choses qui sont de
vôtre Caractere, & les actions
glorieuses du Roy vôtre Auguste
Pere qu'on vous propose à imiter
pour vous rendre digne de luy,
sont MONSEIGNEUR, une Me-
thode Royale: & les sages reflexions que vous faites sur
l'histoire pour regler un iour vôtre conduite, sont une Methode
historique. Il n'appartient pas
à tout le monde d'instruire ceux
qui sont nez pour étre les maî-
tres des peuples : mais c'est une
insolence insuportable que de

vouloir leur faire des leçons ſans aveu, & ſans autre fonds que celuy d'un bien uſurpé. Ordonnez donc Monſeigneur, que l'on châtie cét uſurpateur, qui a eſté ſi temeraire. Qu'il apprenne à reverer un Nom, qui doit un iour donner des lois à tous les peuples, & pour lequel i'auray toûjours la veneration la plus profonde, & la plus reſpectueuſe que puiſſe avoir celuy qui eſt,

MONSEIGNEUR,

Vôtre tres humble, tres obeïſſant, & tres-fidele ſerviteur,

CLAUDE FRANÇOIS
MENETRIER, de la
Compagnie de JESUS.

AVIS

AU LECTEUR.

CETTE Methode Heraldique eſt un abbregé de l'Art du Blaſon, dont tant d'Auteurs ont écrit depuis un ſiecle avec plus d'appareil & d'étenduë qu'il ne ſembloit neceſſaire pour le peu de preceptes qu'ils ont donnez. Je ſçay que les Gentils-hommes pour qui on écrit ces traitez ne ſe mettent guere en peine des recherches curieuſes, qui font les ſujets ordinaires de nos conteſtations, & qu'il importe peu à la Nobleſſe que les couleurs dont on peint les figures de leurs armoiries, ayent des noms étrangers ou domeſtiques. L'ennuy qu'ils ont à lire des volumes groſſis d'authoritez & de citations en diverſes langues, les dégoûte d'une ſcience qui ne peut manquer d'étre embarraſſée quand elle paroît avec un grand atti-

AVIS AV LECTEUR.

rail de preuves & de reflexions trop recherchées : delà vient le mépris qu'ils font d'une connoissance si belle , qui est de la bienseance de leur condition, & dont l'ignorance est toûjours honteuse en ceux qui doivent sçavoir ce qui les distingue du peuple , & ce que leurs Ancestres leur ont laissé, comme autant de marques illustres de leurs actions heroïques , & de la gloire de leur nom.

J'ay fait paroître deux volumes qui peuvent satisfaire la curiosité de ceux qui veulent penetrer dans les mysteres les plus cachez de cét Art. L'un traite de son origine , & l'autre de sa pratique avec tous les exemples & toutes les preuves, qui peuvent appuyer les reflexions , & les nouvelles d'écouvertes que j'ay faites sur ce sujet. Mais je ne peux m'empécher icy de me plaindre de l'injustice de celuy qui vient de publier sous le nom de *Methode Royale, facile, & historique du Blason* , une copie gastée de cette Methode heraldique.

AVIS AU LECTEUR.

Ceux qui ont vû depuis quinze ans mon veritable Art du Blason, & trois Editions diverses de cét abbregé n'auront pas peine à reconnoître la mauvaise foy de cét usurpateur, qui a eu l'impudence d'écrire qu'il *a appliqué à châque piece en particulier sa figure, ce que personne n'avoit fait encore.* Comme si Bara, Scohier, Guillim, le P. Petrasancta, Louvan, Galliot, Vulson, la Colombiere, Faure, des Charmettes & Palliot ne l'avoient pas fait, pour ne rien dire de cette Methode imprimée depuis dix ans.

Tout son ouvrage n'en est qu'un extrait, & de mon premier traité dont il a copié jusques aux fautes quand il a dit que *les Armes du Pape Paschal II. étoient les plus anciennes de la forme dont en les pratique aujourd'huy, & qu'elles étoient de l'an onze cent, d'un ouvrage à la Mosaïque de gueules à deux chevrons d'argent.* Je l'avois écrit ainsi sur la foy de Ciaconius qui a mis à costé des armoiries de ce Pape ces mots exprés. *Insignia pietatis & gentilitia, quibus usus est*

AVIS AU LECTEUR.

Paſchalis II. Papa extant in apſide S. Praxedis opere Vermiculato , vulgò Moſaico. Mais ayant depuis été à Rome , & ayant pris ſoin d'obſerver tous les anciens Monumens qui pouvoient m'inſtruire de la pratique du Blaſon aux premiers ſiecles , je ne trouvay à Sainte Praxede que le chiffre du nom de ce Pape , auquel Ciaconius à donné d'autres armoiries de ſon chef, qu'il a jointes à ce chiffre , & confonduës toutes deux ſous la foy d'un Monument, qui ne juſtifie que les premieres. Cét uſurpateur a donné en ſuite les mêmes reflexions que j'avois faites autrefois ſur cette fauſſe remarque.

Il a copié de bout en bout l'Alphabet des termes du Blaſon & leur explication, comme je l'avois donnée en ce même traité. Il a fait le même de la definition , & de la diviſion des armoiries , & il ſemble par la deviſe qu'il a miſe en tête de ſon Epître que ſon ouvrage n'eſt qu'une copie du mien. *Par dum reſpiciet.* En ce ſens ſon Livre eſt un parelie , c'eſt à dire une fauſſe copie d'un original qui n'eſt pas à luy , à pluſieurs fautes prés qui ſont de ſon invention , & que je luy laiſſe entieres ſans y rien pretendre.

Il y a peu de noms de familles que cét ignorant n'ait alterez, eſtropiez , & confondus comme Czruina pour Czervum famille Polonnoiſe qui porte purement argent. Illion pour Buillion , Aliadon pour Salignon , Balbeſi pour Barbeſieux, Boulaye pour Eſchalard , Chales pour Millet, Juner pour Trauner, Oppede pour Meynier , Marigot pour Mangot , Marcilly pour Damas , Caſtille , pour Caſtillon de Beynes , Brezé pour Maillé,la Faye pour Villers , &c. Le ſoin qu'il a pris de corriger deux ou trois fautes moins conſiderables en la table des Familles, fait voir qu'il a laiſſé paſ-ſer celles-cy , & quantité d'autres, parce qu'il ne les connoiſſoit pas.

Il a fait graver en bois toutes les mêmes figures que j'avois données en cuivre, & afin qu'à cette difference de ſon ouvrage avec le mien , il

AVIS AU LECTEUR.

en pût ajoûter d'autres pour s'eriger
en Autheur, il a fait estropier les armoiries de Jerusalem , d'Arragon, de
Gondy , de Baviere , de Lorraine, de
Lomellini, de Biron, de Tolede, d'Is-
soudun, de Polignac, de Gouffier, de
Bourbourg , de Livron , des Ursins , de Maillé , d'Aubusson , de
Chabot , &c. qui sont aussi regulierement gravées que sa bordure,
ses chaussetrappes , & son hameyde qu'il nomme agreablement Ha-
made , parce qu'il ne sçait pas ce
que c'est.

Le galimatias de son Epître & de
sa Preface où il ajance mal ce que
j'ay écrit autrefois des armoiries
d'Arragon , & du motif que j'avois
eu d'entreprendre cette Methode,
fait voir les dispositions de son esprit , & le talent qu'il a à unir les
pieces qu'il dérobe. C'est ce qu'il
appelle *le tour agreable de sa Metho-*
de Royale dont on ne s'étoit pas encore
avisé. En effet , qui s'aviseroit de
voler le bien d'autruy pour s'en pa-
rer à peu de frais? ce tour est lâche,
& jamais honneste-homme ne s'en

AVIS AU LECTEUR.

étoit avisé. J'en dis trop , & pour
me vanger du larcin qu'il vient de
me faire, ce m'est assez que ses figures soient si mal gravées , & si
mal appliquées , qu'il n'est point
de Lecteur qui ne me fasse justice,
sans que je sois obligé de crier au
voleur , pour faire connoître ce qu'il
est.

    Enfin il a copié jusques à mes an-
ciennes conjectures , quand il dit
que la noisette se nomme *coquerelle*
quand elle est encore en fourreau,
au lieu que les coquerelles sont les
bourses du *solanum alicacabum* ou Al-
kakenque , qui sont pleines d'un
grain rouge comme une cerise ; ce
qui l'a fait nommer *coquerelle* par
rapport au grain du *coccus* dont
se fait l'écarlate. Il a derivé le pairle de *Parilis* comme j'avois fait , il
prend les lambeaux pour les gout-
tes d'Architecture , les cornieres
pour des anses de pot. Pour les
chaussetrappes , les broyes , le crequier , les couples de chiens , & les
fermaux n'ayant sçeu ce que c'étoit
pour les décrire , il a renvoyé aux

*Regiftré fur le Livre de la Communauté
des Libraires & Imprimeurs de Paris, le 11.
Mars 1677. fuivant l'Arreft du Parlement
du 8. Avril 1653. & celuy du Confeil privé
du 27. Fevrier 1665.*

Signé **THIERRY**, Sindic.

AVIS AU LECTEUR.

figures. Voila ce qui s'appelle *Methode Royale ; facile , & historique;* vid-on jamais de titre plus monstrueux.

EXTRAIT DU PRIVILEGE
du Roy.

PAR grace & Privilege de sa Majesté, en datte du 18. Fevrier 1677. signé d'Alencé, scellé , il est permis à THOMAS AMAULRY, Marchand Libraire à Lyon , de faire reimprimer, vendre & debiter, *l'Abregé methodique des principes Heraldiques & veritable Art du Blason , par le* R. P. MENESTRIER , augmenté, en tel volume, marge, caractères, & autant de fois que bon luy semblera , pendant le temps & espace de dix années consecutives à compter du jour que chaque volume sera achevé de reimprimer, & deffenses sont faites à tous Libraires , Imprimeurs , Graveurs & autres d'imprimer, faire Imprimer, vendre & distribuer , sous quelque pretexte que ce soit, mesme d'impression étrangeres , ou autrement, sans le consentement dudit exposant, où de ceux qui auront droit de luy , sur peine de confiscation des exemplaires contrefaits, trois mil livres d'amande , & de tous dépens, dommages & interests, comme il est plus au long porté par ledit Privilege,

ORIGINE
DES ARMOIRIES.

Es veritables Armoiries n'ont commencé qu'environ le dixiéme siecle. Il n'y avoit auparavant que des devises personnelles, & des marques militaires qui n'étoient ni marques de Noblesse, ni sujettes aux loix Heraldiques que les six derniers siecles ont receuës.

Ce sont les pas d'armes & les Tournois qui ont fixé les Armoiries: les preuves de Noblesse qu'il falloit faire pour y étre receu, & les devises que l'on y portoit introduisirent insensi-

blement l'usage de ces marques
d'hôneur. Le choix des Emaux,
la forme des Ecussons, la posi-
tion du casque sur l'Ecusson, le
bourlet , les lambrequins , les
supports, les cimiers, les devises,
les cris de guerres , & tant de
contes fabuleux qu'on a faits
sur les Armoiries de certaines
maisons particulieres en sont
des preuves incontestables, que
l'on peut voir dans le traité
que j'ay fait de l'origine & du
progrés des Armoiries.

Henry l'Oiseleur qui regla
les Tournois en Allemagne,
fut l'occasion des marques
d'honneur, qui sont d'un usage
plus ancié chez les Allemands,
qu'en tout le reste de l'Europe.
C'est aussi de l'Alleman *Blasen*
qui signifie sonner du cor , ou
de la trompe qu'est venu le mot
de *Blason* , parce que ceux qui

se presétoient aux pas d'armes & aux Tournois sonnoient de leurs trompes, prouvoient leur Noblesse , & presentoient leurs devises , leurs livrées , & leurs cimiers pour s'y faire recevoir.

L'Art Heraldique a commencé en France au temps de Louïs le Jeune , qui regla les fonctions, & les offices des Herauts pour le sacre de Philippe Auguste, & fit semer de fleurdelys tous les ornemens qui servirent à cette ceremonie. On trouve devāt lui des fleurdelys sur les Sceptres , sur. les Couronnes, & sur d'autres ornemens Royaux : mais on n'en void pas en des Ecussons. Il est le premier qui en ait fait son contresceel.

Les preuves de Noblesse se font faites long-temps en Alle-

magne par les Tournois, &
insensiblement elles s'y introduisirent dans les principales
Eglises, où elles sont necessai-
res pour pouvoir y être receu.
Cét usage passa d'Allemagne
aux Païs-bas, où les Chanoines-
ses de Mons & de divers autres
lieux sont obligées de les faire,
& s'est étendu en Lorraine &
en Picardie. Les Riligieux de
Saint Claude qui sont sur les
frontieres des Suisses ont le
même usage, aussi bien que les
Comtes des Eglises de Lyon &
de Brioude, & les Chanoines
de Saint Pierre de Mascon. Les
Chevaliers de S. Jean de Jerusalem l'ont receu depuis long-
temps, & il semble que ce soit
sur l'exemple des Teutoniques.
C'est ce qui a donné cours
aux armoiries, & ce qui les a
rendu considerables , parce

qu'elles étoient autant de marques de ces preuves de Noblesse faites dans toutes les formes.

DEFINITION.

LEs Armoiries *font des marques d'honneur d'emaux & de figures determinées, authorisées par le Prince, pour la diftinction des Familles, ou des Communautés.*

1. Elles font *marques d'honneur*, c'eft ce qui les diftingue des marques des Ouvriers & des Marchands, & des Armoiries des Bourgeois de quelques Villes, à qui les Souverains permettent quelquefois d'en porter, comme a remarqué Loyfeau : car ces Armoiries font bien des marques de diftinction, mais elles ne font

pas des marques d'honneur.

2. Ce terme eſt generique, & convient à tous les orne-mens des dignités, que les La-tins nomment *Inſignia*, auſſi tient-il lieu de genre, & de terme commun en cette defi-nition.

3. Elles ſont *d'Emaux & de figures determinées*, ce qui les diſtingue des ſymboles, des deviſes, des emblemes, & de toutes les autres peintures ſça-vantes, dont les couleurs ſont vagues, & arbitraires.

4. Je leur donne Emaux & figures, ce qui convient même aux Blaſons de purs Emaux, à qui l'eſcu ſert de figure, la ſeu-le couleur n'étant pas armoi-rie : autrement les habits & les livrées étant des mêmes couleurs ſe trouveroient des Blaſons. Ainſi quãd les *Rubei* de

Florance verroient un Ecuſſon de gueules avec ſes ornemens, ils pourroient dire que ce ſont leurs armoiries : mais ils n'en pourroient pas autant dire des bonnets des Cardinaux, & des Robes de ceremonie des Preſidens & des Conſeillers de nos Parlemens. C'eſt auſſi la cauſe pour laquelle les anciens manuſcrits, diſent *porte d'or plein : de gueules plein, &c.* comme qui diroit porte *l'eſcu plein d'or, plein de gueules, &c.* aux Blaſons de partition les traits tiennent lieu de figures, comme l'eſcu le fait à ceux de ſimples Emaux, ſelon ce principe de Geometrie, que *la figure eſt ce qui eſt fermé de tous côtés, & compris dans ſes extremités.* Figura eſt quæ ſub uno vel pluribus terminis continetur. *Euclid. Element. l. 1.* Ainſi le cercle eſt

une figure enfermée dans l'enceinte d'une feule ligne qu'on
nomme circonference.

Or le Triangle
qui faifoit l'ancien efcu,
Le Rectangle,
qui fait la banniere,
& le Rhombe
qui fait le Lozange , font
vrayes figures Geome-
triques, comme auffi l'O-
vale.

Tellement qu'il n'eft aucun
Blafon fans figure , n'en étant
aucun qui ne foit ou dans un
efcu , ou dans une banniere, ou
en lozange, ou en ovale.

5. Ces marques d'honneur
ne font marques de Nobleffe
qu'autant que le Prince les au-
thorife ; car s'il arrivoit qu'une
famille quelque ancienne quel-
le foit fit roture , elle déche-

roit des droits de Nobleſſe , &
quoy qu'elle pût retenir ſon
ancien Blaſon, il ne ſeroit plus
marque d'honneur n'étant plus
authorisé , & il faudroit ob-
tenir des lettres de rehabilita-
tion pour le rétablir en honneur.

6. Elles font la diſtinction
des familles, que nous recon-
noiſſons par leurs Blaſons , &
c'eſt auſſi la cauſe pour laquelle , il n'eſt pas permis de prendre les Armoiries d'autruy
dans un même état , quoy que
l'on puiſſe avoir un même
nom.

7. J'ay adjouté à mon ancienne definition , *ou des Commu-*
nautés pour y comprendre les
Societés , & les Villes , & les
Royaumes , qui ont des Blaſons, & qui font ſelon les Juriſ-
conſultes de grandes familles

dont le Prince eſt le chef.

8. J'ay retranché de la premiere definition, *donné pour re-*
compenſe de quelque ſervice ſigna-
lé, parce que le mot de *mar-*
ques d'honneur ſemble dire la
même choſe, & que le Prince
en pourroit donner de pur gré
ſans aucun ſervice rendu.

DIVISION.

LEs Armoiries ſe peuvent
diviſer en leurs parties eſſentielles, en leurs eſpeces,
& en leurs parties integrantes.

Leurs Parties Eſſentielles,
ſont les *Emaux* & les *figures*.

Leurs Eſpeces ſont 1. Les
Armes de Domaine ou de Fief.
2. Les Armes de Dignités. 3.
Les Armes de Communauté.
4. Les Armes de Conceſſion.
5. Les Armes de Patronage. 6.

Les Armes des Familles.

Les Armes de Domaine se soûdivisent. 1. En Armes de *Pretention*, si le Domaine est en d'autres mains que celles du Seigneur legitime. 2. En Armes de *Succession*, qui sont celles des Familles éteintes, qui passent en d'autres Familles avec les Terres de ceux qui les portoient auparavant, qui en font par les clauses testamentaires des Armes de Fief, d'Armes de Famille qu'elles étoiét : comme sont les *Majorats* d'Espagne, qui multiplient les titres des Familles par obligation,& non pas par vanité comme plusieurs s'imaginent. 3. En vrayes Armes de *Domaine*, comme sont celles de tous les Royaumes, Duchés, & Principautés Souveraines.

Les Armoiries de dignités,

font celles qui font de pures marques de la charge que l'on exerce : elles s'obtiennent avec ces mefmes charges : telles font les armes du Prefet de la ville de Rome , & des Electeurs qui portent outre les armes de leurs familles les marques de leurs fonctions.

Les Armoiries des Communautés font celles de Provinces , Villes: Ordres , Societés, Academies , &c.

Celles de Conceffion font données par le Souverain , & prifes des pieces de leurs armes, en quoy elles font differentes des autres armes , qui doivent être données ou authorisées par le Prince.

Celles de Patronage font celles des Patrons, qu'on ajoûte aux fiennes pour marque de

reconnoiſſance ou de dépen-
dance.

Enfin les veritables Armoiries dont je traitte particulierement ſont celles des familles,
qui ſont les Blaſons dont une
maiſon eſt diſtinguée de l'autre. C'eſt à celles - cy proprement que convient ma definition, qui n'eſt point pour celles des dignités, de Patronna-
ge, de Domaine, & de Con-
ceſſion que je definiray ailleurs.

Les Parties integrantes du
Blaſon ſont. 1. l'Eſcu. 2. les
Emaux. 3. les Partitions. 4. les
Figures. 5. les ſupports, 6. le
Tymbre. 7. le Cimier. 8. la
Déviſe. 9. le cry de guerre. 10.
les briſures. 11. les marques
des Dignités. 12. les Bannie-
res. 13. les Ordres. 14. les autres
accompagnemens de l'Eſcu.

L'ESCU.

L'Escu a eu de differentes formes selon la diversité des temps & des Païs. L'antique étoit couché avec le casque assis sur l'angle senestre.

Sa figure la plus ordinaire étoit triangulaire, un peu arrondie aux côtés.

L'escu en Banniere des Seigneurs Bannerets étoit quarré:

Quelques-uns des anciens ont esté échancrés à droit pour servir d'arrest à la lance, en haut pour étre facilement accollés, aux deux côtés pour le reposer sur les bras.

Les Italiens se servent plus souvent de l'Ovale, particulierement les Ecclesiastiques.

Les Espagnols le portent arrondi en bas.

Les Allemands le forment de diffe- rentes façons.

· La Lozange sert de sol aux armoiries des filles.

Les Escus par- tis ou accollés aux femmes ma- riées.

LES EMAUX.

LEs Emaux font les *Metaux*, & les *Couleurs*.

Les Metaux, font *or* & *argent*, ou jaune & blanc.

Les Couleurs font *Azur*, qui eft bleu, *Gueules*, qui eft rouge: *Sinople*, qui eft verd, & *Sable*, qui eft noir.

On adjoûte à ces couleurs la *Carnation*, pour les parties

du corps humain.

Les couleurs naturelles , des Plantes & des animaux , &c. Ainfi le pourpre fert pour les raifins, pour les meures, & pour quelques autres fruits.

Quelques nations ont ajoûté le tané, l'orangé, le gris, &c. Mais les exemples en font fi rares qu'ils ne peuvent pas faire loy.

Outre ces Emaux , il y a deux pannes ou fourrures, qui font *hermines* & *vairs*.

On reprefente les Emaux fur les tailles douces , par le moyen des hachures.

L'or est pointillé. 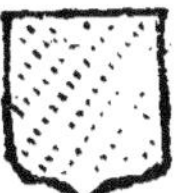

L'argent est tout blanc. 

L'azur est representé
par des traits tirez horizontalement. .

Le *gueules* , par des
traits perpēdiculaires.

Le *sinople*, par des traits
diagonaux de droit à gau-
che.

Ceux qui admettent le
pourpre le representent
par des traits diagonaux ,
de gauche à droit.

Enfin le *sable* se mar-
que tout noir ou par des
traits croisez.

DES PARTITIONS.

LEs partitiõs ſont des traits, qui partagent l'eſcu en pluſieurs parties. Quelques-unes de ces partitions ſont ſimples, & ce ſont celles, qui le diviſent en deux, trois ou quatre parties égales , & qui font le coupé , le party , le tranché, le taillé, le tiercé,& l'écartelé.

Le coupé ſe fait par un trait horizontal, qui diviſe l'eſcu en deux parties égales.

Le party ſe fait par une ligne perpendiculaire , qui partage l'eſcu en deux parties égales.

Le tranché ſe fait par un trait diagonal tiré de l'angle droit du haut de l'eſcu à l'angle gauche de la pointe.

Le taillé luy eſt oppoſé, & ſe forme par une ligne diagonale de l'angle gauche de l'eſcu au droit de la pointe.

Il y a encore d'autres partitions, qui ne diviſent pas l'eſcu en deux parties égales, & celles-là ſont l'addextré, le ſeneſtré, l'émanché, l'enchauſſé, l'enclavé, &c. de même les partitions ordinaires reçoivent diverſes alterations qui font naître beaucoup des termes, mais ces figures ſont peu frequentes, ainſi je les reſerve pour le grand ouvrage.

Le tiercé eſt de 2. traits, qui partagent l'eſcu en trois parties égales, ſelon toutes ſes dimenſions. Ainſi il y a tiercé en faſce, en pal, en bande, en barre.

L'ecartelé eſt de deux ma-
nieres, en croix, & en ſautoir.
L'ecartelé en croix quiſe nomme ſimplemnnt ecartelé,ſe fait
par deux traits croiſés,
qui partagent l'eſcu en 4.
quartiers égaux.

L'Ecartelé en ſautoir,
ſe forme avec les deux lignes diagonales croisées
en ſautoir.

De ces quatre lignes
jointes enſemble ſe forme
le party, coupé, tranché,
taillé dans un même eſcu.

Outre ces partitions qui
tiennent toutes lieux de figures dans le Blaſon ; il y en d'autres qui ne ſervent qu'à la diſtinction des quartiers des Alliances,de Patronage, de Conceſſion , &c.

Les figures suivantes en four-
nissent des exemples,
party, coupé, tiercé, ecartelé,

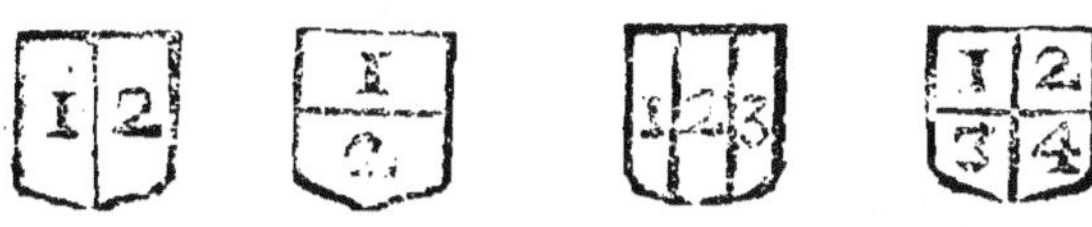

coupé de 2.   coupé my-party.

party le 1. party de   party d'un   party de
ecartelè le 2. coupé   coupé de   2. coupé
2. coupé.   d'un.   deux.   de 2. 4

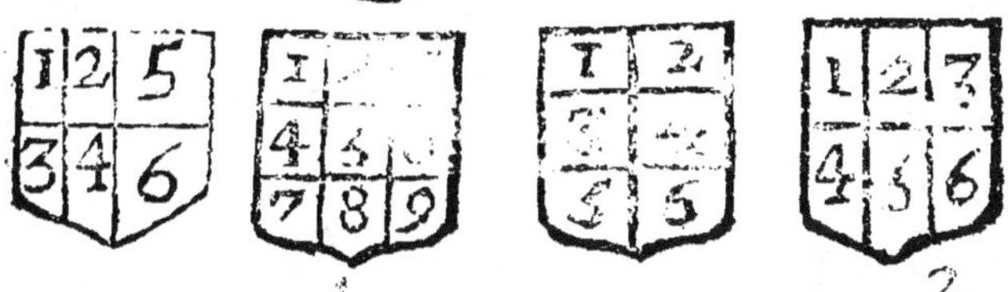

Pour conter les quartiers
differens des ecartelures, &
pour les blasonner par ordre,
il faut suivre celuy que j'ay
marqué par des chiffres. Au
party on dit simplement, M.
porte de... party de...ou M.por-
te party au 1. de....qui est de....

au 2. de.... qui eſt de... M. porte de.... coupé de..... de même
tiercé, ou party de deux, ou
coupé de deux, qui font trois
quartiers au 1. de.... au 2. de...
au 3. de... voyez cy-aprés Lu-
zignan.

Pour l'écartelé, ſi tous les
quartiers ſont differens, on dit
au 1. de.... au 2. de....au 3. de...
au 4. de.... Si le 1. & le 4. le 2.
& le 3. font ſemblables, on dit
au 1. & au dernier de.... au 2.
& 3. de.... ainſi des autres à pro-
portion.

Pour blaſonner facilement
un ecuſſon à pluſieurs quartiers, il faut ſeulement obſerver avec ſoin le nombre des
traits,& dire party d'un, coupé
de 2. party de 2. coupé d'un,
ou de ſix quartiers ; party de
2. coupé de 2. ou de 9. quartiers, au 1. de.... au 2. de....&c.

On met sur les partitions, des
Ecussons sur le tout , comme
vous verrez aux armes des
Ducs de Lesdiguieres, d'Usez,
de Mortemar,&c. & ces Ecussons sur le tout sont quelquefois partis comme celuy du
Marquis de S. Chamond: quelquefois écartelés , quelquefois
il y a un Ecusson sur le tout de
chaque grand quartier , & un
sur le tout du tout ; dont je
donneray des exemples dans
mon grand ouvrage.

FIGURES.

LEs figures des Armoiries
sont ou PROPRES du
Blason, ou NATURELLES, ou
ARTIFICIELLES, ou CHI-
MERIQUES.

Les figures PROPRES du

Blason, font de quatre ordres.
1. Les traits qui tiennent lieu
de figures, & qui font le party, le coupé,&c. dont j'ay par-
lé en l'article precedent. 2.Les
pieces honorables qui occupent la troifiéme partie de l'efcu. 3. Les diminutions des pieces honorables. 4. Certaines
figures, qui pour étre des re-
prefentations des chofes artificielles ne laiffent pas d'étre
du bel ufage du Blafon,& de fa
premiere inftitution.

Les Pieces honorables, font
le chef, la fafce, la bande, le
pal,la barre,le chevrő,la croix,
le fautoir, la bordure, & l'orle, receües par les anciens Herauts. I'y ajoûte le chef pal, la
Champagne,le Pairle, le quartier. Le giron, & l'Ecuffon qui
ne me femblent pas moins pieces honorables, & qui n'ont
été

esté omises par les anciens Herauts, qu'à cause que les exemples des trois premieres, étoient fort rares en la pratique des armoiries.

Toutes les pieces tiennent dans leur juste largeur la troisiéme partie de l'escu, excepté le quartier & le giron qui n'en occupent que la quatriéme.

Les diminutions sont le *Comble*, qui est un chef diminué ; La *Devise*, qui est une fasce, diminuée d'un tiers. Les *Trangles*, qui sont des fasces diminuées en nombre impair, & les *burelles*, qui sont leurs diminutions au nombre pair, au nombre de dix ou plus. Les *Iumelles*, sont comme des rubans, ou des fasces qui n'ont que la cinquiéme partie de leur largeur, & qui se mettét toûjours deux à deux; on les peut mettre en fas.

ce, en pal, en bande, en barre; en sautoir, en croix, & même en chevron : mais je trouve que les anciens Herauts ont nommés ces trois dernieres sortes ; sautoirs jumellés, croix jumellées, chevrons jumellés. Les *Tierces* sont de la même largeur, & se mettent trois à trois dans les mêmes situations. Le *baston Pery*, selon les anciens Herauts, qui est d'un tiers moins large que la bande. La *Cottice* qui n'a que la moitié de la bande, & le *filet* qui n'en a que le quart. Les Espagnols nomment *baston* le *Pal* qui est diminué d'un tiers. Il semble aussi que nos anciens Herauts ayent été de ce sentiment, & que c'est pour cela qu'ils ont nommé l'autre pery en bande. Le demi pal se nomme *Verget-te*. L'*Estaye* a le quart de la largeur du Chevron. Le *Flanquis* le tiers du fautoir, la *filiere* le quart de la bordure, que l'on ne voit guere qu'en-greflée, d'où vient qu'on la nomme fimplement *engreflure*. La croix qui n'a que fa quatriéme partie fe nomme *filet* en croix : quelques-uns ont voulu nommer *Eftrez*, celle qui n'a que fa moitié. Le *canton* eft le quartier diminué d'un tiers.

Les pieces honorables multipliées jufques à fix ne paffent pas pour diminuées, ainfi on dit fimplement fafcé de fix, bandé, palé &c.

Les figures honorables du quatriéme ordre, sõt les points equipollés ; l'Echiquier, le emmanché, l'emmanché, le trefcheur, les frettes, les lezanges, les billettes, les macles, les ruftres, les vires, les annelets, les tourteaux , les befans , le pappellonné, le diafpré,le plumetté , &c.

Les figures NATUREL-LES , font fuffifamment connoiffables, ce font

Les *Aftres* , Soleil , Lune, Croiffans, Eftoilles.

Les *Meteores* ; Cometes,Arc-enciel , &c.

Les *Elemens* ; Flammes,goutes d'eau.

Les *Portions des Elemens* ; Montagnes , Ifles , Rivieres , Mer, &c.

Les *Pierres & Pierreries* ; Cailloux, Diamans, Rubis,&c.

Les *Plantes*, Arbres, herbes, fleurs, fueilles, fruits,&c.

Les *Animaux* ; Oifeaux,poiffons,quadrupedes,reptiles, infectes, &c.

Le *Corps humain & fes parties* ; tête , bras, jambes, côtes, yeux , cœurs , mains , os , &c.

Les *figures des Anges* fous forme humaine , qu'on peut auffi ranger entre les figures chimeriques.

Les figures ARTIFICIELLES , font de plufieurs fortes.

D'Inftrumens *des ceremonies facrées, & Royales* ; Calices, ciboires , chandeliers , gonfanons, encenfoirs, &c. Sceptres, couronnes, &c.

Des inftrumens de *Guerre* : Efpée , lances, dards, chauffes-trappes , brulots, trompettes , tambours , molettes d'efperon, arcs , piques , fleches , maffes d'armes , haches , efpieux , eftriers , &c.

Inftrumens de *Chaffe* & de *Pefche.* Cors, couples de chiens, retz , hameçons , naffes , harpins , &c.

Inftrumens des *Arts Mecha-*

niques : Marteaux, douloires, buttes, rasteaux, herses, pales, charruës, chariots, jougs, roües, fers de moulin, &c.

Instrumens de *Musique*; Violons, flutes, sifflets, harpes, haubois, &c.

Les *Vtensiles de Menage*, & batterie de *Cuisine*, Peignes, brosses, miroirs, chaudieres, marmites, poëles à frire, grils, &c.

Les *Habits*: Chapeaux, bõnets, houssettes, bottes, bottines, souliers, chemises, gands, &c.

Les *Bastimens*, Tours, villes, Chasteaux, donjeons, crenaux, pans de murs, avant-murs, bretesches, maisons, ponts, Eglises, &c.

Les figures CHIMERIQUES, sont celles qui ne sont point subsistantes, & qui sont des inventions des fables, ou

du caprice : comme les Centaures , harpies, hidres, chime-
res , &c.

ATTRIBUTS DES FIGURES.

L'Une des plus considera-
bles difficultez du Blason,
est l'explication des attributs
des figures , qui sont en grand
nombre ; ce sont les termes
dont on se sert pour énoncer
leurs situations & leurs diffe-
rences:je me contente de mettre icy tous les termes de ces
attributs dont les plus neces-
saires se trouveront expliqués
à l'occasion des figures qui sui-
vent cette methode,je reserve
les autres pour le grand ouvrage. Les voicy tous.

Abbaissé, accollé, accompagné,
accorné, accosté, accroupy , acculé,

addextré, addoſſé, affronté, aiguiſé, ajouré, aiſlé, alezé, allumé, anché, ancré, anglé, animé, antique, appaumé, appointé, ardent, armé, arraché, arreſté, arrondi, aſſis.

Baillonné, bandé, barbé, bardé, barré, baſtillé, bataillé, becqué, beſanté, bigarré, billetté, bordé, bouclé, bourdonné, boutonné, breteſſé, briſé, brochant, burellé.

Cablé, cabré, canelé, cantonné, ceintré, cerclé, chappé, chaperonné, chargé, chaſtelé, chauſſé, chevelé, chevillé, chevronné, clariné, celeché, cloüé, colleté, componé, contourné, contrebandé, contrebarré, contrebreteſſé, contrecartelé, contrecomponné, contrefaſcé, contrefleuré, contrepallé, contrepaſſant, contrepotencé, contrevairé, cordé, coticé, couché, couliſſé, coupé, couplé, courant, courbé, couronné, couſu, couvert, cramponné, crenelé, creſté, croisé.

Danché, decoupé, de l'un en l'autre, de l'un à l'autre, demambré, denté, dentelé, deux un, diademé, diaspré, diffamé, divisé, donjonné, dragonné.

Ecartelé, echiqueté, ecoté, effaré, elancé, emanche, embouté, embrassé, emmanché, emmuselé, empenné, empietant, empoigné, enchaussé, encoché, enclavé, enclos, endanté, enfilé, englanté, engoulé, engreslé, enguiché enlevé, ensanglanté, enté, entouré entravaillé, entrelassé, entretenu, equippé, equippollé, esbranché, escaillé, esclaté, esclopé, estorché, espanoüy, esployé, essorant, essoré, estincelant, estincelé, eviré.

Failli, fascé, faux, fiché, fier, fierté, figuré, flambant, flanqué, fleuré, fleuri, florancé, flotant, forcené, frangé, fretté, fruité, fueillé, furieux, fuselé, fusté.

Gay, Garny, gironné, gorgé, grené , grilleté, gringolé, guivré.

Habillé , haussé, haut, herissonné, herminé, hersé, houssé.

Issant , Iumellé.

Lampassé , langué, leopardé, levé , lié, lionné , lorré, lozangé, l'un
sur l'autre.

Mal-ordonné, mal-taillé, mantelé, marché , mariné, marqueté,
marrelé, masqué, massonné, membré , miraillé, monstrueux , montant, morné, mortaisé , moucheté,
mouvant , my-party.

Naissant , naturel, nebulé, nervé, noüé , noüeux , nourry.

Ombré, ondé, onglé, oreillé , ouvert.

Paillé, paissant, palissé , pallé,
papellonné, parti, pasmé, passant,
passé en sautoir, paté, peautré, pendant, percé, perché, pery, pignonné,
plié, plumeté, pommetté, posé, potencé.

Racourcy, ramé, rampant, ran-

gé, raviſſant, rayonnant, recercelé,
recoupé, recroiſeté, rempli, reſar-
celé, retrait, rompu, roüant.

Saillant, ſanglé, ſellé, ſemé, ſeneſtré, ſommé, ſouſtenu, ſur le tout,
ſur le tout du tout, ſurmonté.

Taillé, terraſſé, tiercé, tigé,
timbré, tortillant, tourné, tracé,
tranché, treilliſſé, trois deux un.

Vairé, vergeté, versé, veſtu, vilené, virolé, vivré, vuïdé.

Voila tout ce qui concerne
le vray Blaſon, en voicy les ornemens & les pieces acciden-
telles.

LES SVPPORTS.

LEs *Supports* & les *Tenans*,
que l'on confond ordinai-
ment ſont differens.

Les *Tenans*, ſont les figures
des Anges & des hommes, qui
tiennent l'eſcu, l'action de te-

nir étant seulement propre des hommes. Les dieux de la fable, & les Centaures sont aussi *tenans*, parce que les premiers sont representés sous forme humaine, & les autres en ont la moitié, & principalement les mains dont ils tiennent.

Les *Supports*, sont toutes sortes d'animaux qui supportent l'escu.

Il y a encore les *Soutiens* : comme sont les arbres, & autres choses semblables ausquelles l'escu paroit quelquefois attaché.

Il y a ordinairement deux tenans, ou deux supports aux armes, quelquefois un seul, & quelquefois en plus grand nombre que deux.

Ils sont ou de deux animaux semblables, ou de deux animaux differens, souvent des mêmes qui font dans l'efcu, & fouvent d'autres que ceux qui font dans l'efcu.

Ils ont auffi leurs emaux particuliers.

TYMBRE ET COURONNEMENT DE L'ESCU.

LE Tymbre, eft le cafque ou heaume qu'on met fur l'efcu, dont on a commencé feulement depuis quelques années à obferver le nombre des grilles, pour la difference des conditions.

On fait ceux des Souverains ouverts, ou la vifiere levée, & on les place de front.

Ceux des Princes & des Ducs feulement la vifiere levée à demy.

On donne onze grilles à ceux des Marquis, neuf à ceux

des Comtes, Vidames , & Vi-
comtes, ſept aux Barons, cinq
aux Chevaliers & un peu tourné ! trois aux ſimples Gentils-
hŏmes de race,& mis en pourfil, fermé , & ſans grilles aux
nouveaux Annoblis , & contourné aux Baſtards.

Les ſimples Gentils-hommes
mettent ſur le caſque un tour
de livrée des emaux de l'eſcu,
qu'on nomme *bourlet , treſque,
torque tortil*.

Les Empereurs y mettent
une Thiare Imperiale , faite
comme la Thiaire Perſane ,
comblée d'une couronne fermée d'or.

Les Rois ont auſſi la couronne fermée, celle de France
eſt fleuronnée de fleurs de lys,
celles des autres Rois le ſont
de fueilles de Ache comblées
d'une croix. Celle des Rois

d'Angleterre est fleuronnée de croix & de fleurs de lys. Celle des Ducs de Savoye Rois de Chypre, est terminée par une croix trefflée de S. Maurice.

Celle du grand Duc est ouverte, à hautes pointes avec une fleur de lys espanoüye de Florence.

Les Princes de la maison de France, la portent ouverte & fleurdelisée.

Les Ducs la portent à fueilles de Ache.

Les Marquis, de trois fueilles de Ache meslées à des perles montées.

Les Comtes, ont la couronne de Perles.

Les Barons, le bonnet greslé de Perles.

LE CIMIER, ET LES LAMBREQUINS.

LE Cimier eſt la piece qui ſe met ſur le caſque, & qui eſt la plus eſlevée des Armoiries.

On le fait de toutes ſortes de figures, comme animaux, plantes, membres d'animaux, choſes artificielles, &c. & ſouvent de plumes de Paon, de Heron, d'Auſtruche, &c.

Les Allemands y mettent ſouvent des bonnets plats, ou élevés & pointus, & des tuyaux de plumes.

Les animaux n'y ſont le plus ſouvent qu'à moitié corps ou naiſſans. Ils y peuvent eſtre entiers.

On met auſſi des vols en cimier, ce ſont des aiſles des

Emaux de l'efcu , quelquefois ce vol eft fait de deux bannie-res , & pour lors on le nomme vol banneret.

Les *Lambrequins*, font des vo-lets pendans du cafque, qui enveloppent l'efcu ; ils doivent être des emaux du Blafon , à caufe qu'ils font la livrée Chevalier prife des emaux de fes armes.

Ils étoient autrefois fimples, maintenant ils paroiffent hachés, & decoupés artiftement, d'où eft venu le nom de *hache-mens* , qu'on leur donne.

De ces Lambrequins eft venu l'ufage des manteaux qui enveloppent les armes des Princes, & des Ducs & Pairs, & des Pavillons qui couvrent celles de Rois.

LA DEVISE, ET LE CRY
DE GVERRE.

LA Devise n'est qu'un ornement accessoire des Armoiries introduit pour les tournois, & demeuré depuis en Blason.

Il y en a de cinq sortes, 1. de simples lettres, comme le F. E. R. T. de l'ordre de Savoye. Les trois FFF. des Felix.

2. De mots, seuls comme *En feaulté*, devise de la maison de Rivoire en Dauphiné. Quelquefois les figures de l'escu sont comme le corps de la devise, à qui l'on ajoûte seulement des paroles sans autre figure : comme *Marcillac* en Languedoc, qui porte d'azur à trois roses d'argét porte pour devise. *Nunquam Marcescent.*

3. De Sentences entieres, comme *Lugny*. Le Content est Riche.

4. De figures feules , comme le Seigneur de Chaumont de la maifon d'Amboife : portoit pour devife. Le *Vefuve enflammé* , pour allufion à fon nom. *Chaumont.*

5. De mots & de figures , comme Savoye Raconis , des choux cabus avec ces mots *Tout n'eft* , pour dire en rebus *tout n'eft qu'abus.* Le Chevalier Guichenon , & tous ceux qui ont écrit des armoiries de cette famille , ont pris ces choux pour des vergettes , & ont crû que ces Princes avoient voulu dire qu'ils étoient fi nets qu'ils n'en avoient pas befoin. Mais à le bien confiderer cette devife auroit efté mal à propos, puifque ceux qui font nets ne

prennent pas des vergettes. Au contraire étant baſtards comme ils étoient, ils voulurent dire que tout n'étoit qu'abus.

Le Cry de guerre, eſt le mot dont les familles ſe ſont autrefois ſervies pour rallier les troupes qu'elles avoient droit de lever, & de conduire pour le ſervice du Prince.

Le nom de ces familles étoit le cry le plus ordinaire.

Il y en a d'autres de deffy, d'invocation, d'incitation, de joye, &c.

1. De deffy. Celuy de Champagne. *Paſſavant li meillor.*

2. D'invocation. Montmorency *Dieu ayde au premier Chrêtien.*

3. D'incitation. Clermont-Montoiſō. *A la recouſſe Mōtoiſon.*

4. De joye. Les Ducs de Bourgogne. *Mont-joye au Noble Duc.*

LES ORNEMENS DES DIGNITÉS.

IL y a divers ornemens des dignités.

Je les reduis à cinq chef, qui sont les *dignités Ecclesiastiques*, les *Politiques*, les *offices de la maison Royale*, les *Militaires*, & les *dignités de la robe*.

Pour les ECCLESIASTI-QUES, le Pape porte la Thiare ou Triregne fait de trois couronnes, dont est cerclé un bonnet rond élevé, avec deux pendans comme ceux des mitres. Il met aussi deux clefs derriere l'escu, l'une d'or, l'autre d'argent : il les mettoit autrefois au dessus de l'escu, comme on les voit sur quelques monnoyes des anciens Papes, & en divers endroits d'Avignon, & de Rome.

Les Cardinaux mettent sur leurs armes le Chapeau rouge à 15. houpes de chaque côté.

Les Archevesques le mettent verd à dix houpes, & accollent l'écu d'une croix, que Primats, Patriarches,& Legats mettent à double traverse.

Les Evesques le mettent aussi verd à six houpes, la mitre de front & la crosse tournée en dehors.

Les Abbés mitrés mettent la mitre un peu tournée, & la crosse en dedans. Ils mettent aussi le chapeau noir de six houpes.

Les Protonotaires,mettent le chapeau de même couleur à trois houpes seulement.

Les Abbesses,mettent la crosse derriere l'êcu, le chapellet autour.

Les Prieurs accollent l'êcu

d'un bourdon mis en pal.

Les Chantres d'un bâton de chœur, ou d'une maſſe de Chapitre.

Pour les dignités POLITIQUES.

Les Rois poſent leurs armes ſous un grand pavillon doublé d'hermines, comblé de la couronne Royale : celuy de France eſt ſemé en dehors de fleurs de lys. Leur êcu eſt entouré de colliers de leurs ordres, & ſoutenu par leurs tenans ou ſupports.

Les Ducs & Pairs enveloppent les leurs d'un manteau doublé d'hermines, armoyé au dehors des pieces de leurs blaſons ſur les replis. Ils les accoſtent auſſi de deux palmes s'il n'eſt entouré de quelque ordre.

Pour les OFFICES DE LA MAISON ROYALLE. Le

grand Maître accollé son escu de deux bâtons de vermeil doré, dont les bouts d'en haut se terminent en couronnes Imperiales Françoises, c'est à dire fermées & fleurdelisées.

Le grand Chambellan, porte pour marque de sa dignité deux clefs d'or passées en sautoir, dont les anneaux se terminent en couronnes Imperiales Françoises.

Le grand Escuyer, accoste son escu de deux espées en fourreau avec leurs ceintures semées de France.

Le grand Tranchant, met sous ses armes un coûteau & une fourchette passés en sautoir : le manche semé de France & terminé en couronne.

Le grand Aumosnier, met sous les siennes un livre marqué de l'ecusson de France.

Le

Le grand Echanſon, met ſous les ſiennes deux bouteilles ſemées de France.

Le grand Panetier, a pour marque de ſa charge la nef d'or, & le cadenat que l'on met à côté du couvert du Roy.

Le grand Veneur, a pour marque de la ſiéne deux grãds cors de chaſſe avec leurs attaches à côté de l'êcu de ſes armes.

Le grand Fauconnier, y met deux leurres.

Le grand Louvetier, deux têtes de loup de front.

Le grand Prevôt, deux faiſſeaux de verges d'or liez de cordons d'azur avec la hache d'armes paſſez en ſautoir.

Le grand Marechal des Logis, une maſſe & un marteau d'armes paſſez en ſautoir au deſſous de l'eſcu.

Le Surintendant des finances, accoste son escu de deux clefs mises en pal, & terminées en couronnes.

Les charges, MILITAIRES, sont le Connestable, l'Admiral, les Maréchaux de France, le Colonel de la Cavalerie, le Colonel de l'Infanterie, & le grand Maître de l'Artillerie.

Le Connestable, accostoit son escu de deux mains armées à l'espée nuë levée.

Les Maréchaux de France, accollent leur escu de deux ba_ stons semez de France & pas- sez en sautoir.

L'Admiral, accolle le sien d'un anchre d'or, ou de deux passez en sautoir de méme email.

Le Colonel de l'Infanterie, met quatre ou six drapeaux des couleurs du Roy, sçavoir blanc, incarnat, & bleu.

Le Colonel de la Cavalerie, met quatre cornettes de Frãce.

Le grand Maître de l'Artillerie, met deux canons accullez fous fon efcu.

Les dignités de la ROBBE, font celles du Chancellier, & des Prefidens.

Le Chancellier a pour marques de fa dignité le mortier de toile d'or retroufsé d'hermines, posé fur le Tymbre de fes armes, derriere l'efcu deux grandes maffes d'or pafsées en fautoir, avec le manteau d'ecarlatte, orné de rayons d'or vers le haut & fourré d'hermines.

Les Prefidens au Mortier mettent le mortier de velours noir, bordé d'un galon d'or fur le Tymbre. Les premiers Prefidens placent l'efcu de leurs armes fur un manteau d'ecarlate fourré de petit gris & le mortier à double galon d'or au deſſus.

ORDRES.

LEs Chevaliers entourent l'eſcu de leurs armes des colliers des ordres qu'ils portent ; comme font les Chevaliers du S. Eſprit, de S. Michel, de la Toiſon, de l'Annonciade, de la Jartiere , &c.

Les Commandeurs de Malte accollent l'eſcu de la croix de l'ordre , & ajoûtent à leurs armoiries un chef des armes de la Religion , & un chapellet autour de l'eſcu.

Le grand Maître met ſes armes ſur un manteau noir, marqué des myſteres de la Paſſion en broderie blanche & bleüe, avec les cordons houpez blancs & noirs. Il porte aussi la couronne de Prince , & le bonnet noir en forme de toque.

Les simples Chevaliers mettent seulement le chapellet autour de leur escu, & un chef des armes de la Religion sur les leurs.

Les Chevaliers de S. Maurice, ceux de S. Iacques, d'Avis, de Calatrava , de Montesa, d'Alcantara, &c. accollent l'escu de la croix de l'ordre. Celle de S. Maurice est trefflée, & d'argét: celle de S. Iacques en forme d'espée antique, & de gueules: celle d'Avis fleurdelisée, & de sinople : celle de Calatrava fleurdelisée, & de gueules: celle d'Alcantara, de sinople : celle de Montesa, de gueules, &c.

Les anciens Chevaliers & Gentils-hommes de race met-

toient l'espée à côté de l'escu,
ou deſſous, ou derriere, comme j'ay montré au chap. X. de
l'art du blaſon juſtifié.

Les Prelats aſſociez à l'ordre
du ſaint Eſprit, & quelques
Officiers de l'ordre entourent
leur eſcu du cordon bleu dont
pend la croix de l'ordre.

BANNIERES.

LEs anciens Seigneurs Bannerets & les Princes met-
tent des bannieres à côté de
l'eſcu de leurs armes, ou paſsées
derriere en ſautoir.

On fait pour l'ordinaire por-
ter ces bannieres par les tenans
& ſupports ; ainſi les deux Anges qui ſoûtiennent l'eſcu de
France, portent auſſi les bannieres de France : & deux dragons celles de Portugal.

On met quelquefois dans ces bannieres les anciennes armes de la famille, quand elle en porte d'autres par succeſſion ou pour autre choſe ; ainſi la maiſon de Bournonville porte deux bannieres armoyées d'or à trois loches de ſable qui étoient ſes anciennes armoiries.

Les Colonna d'Italie, & les Tolede d'Eſpagne, mettent autour de leurs armoiries quantité de bannieres, qui ſont des marques de celles que ceux de ces familles ont autrefois enlevées aux ennemis.

AUTRES ACCOMPAGNEMENS

DE L'ESCU.

LES Veuves mettent une cordeliere autour de l'eſcu de leurs armes, & la pratique

en eſt venuë d'Anne de Bretagne.

Les Princeſſes y mettent
des Palmes.

Les fĕmes des lacs d'amour.

Les filles des guirlandes de
fleurs.

Les Religieuſes des chapel-
lets ou des couronnes d'Eſpi-
nes.

LOIX HERALDIQUES.

1. ON ne doit pas mettre
couleur ſur couleur, ny
metal ſur metal , en armoiries :
mais ſi le champ eſt de couleur
les figures qui le couvrent doivent étre de metal, & de couleur s'il eſt de metal.

2. Les armoiries de metal ſur
metal , ou couleur ſur couleur
ſont fauſſes , ou à enquerir ,
comme celles de Ieruſalem.

3. Les fourrures ſe pratiquent

indifferemment pour couleur, ou pour metal , quoy qu'elles paſſent plus regulierement pour metal.

4. Le ſemé de France a le privilege des fourrures,comme on voit aux armes des Egliſes de Paris, de Mâcon, de Châlon,du Duc & Pair de Langres du Comte & Pair de Bauvais.

5. Le ſeul chef du nom, & des armes a droit de les porter pleines : tous les autres les briſent, & diſtinguent, ou en adjoûtant quelques pieces, ou en retranchant, ou changeant les emaux,ou l'aſſiete de pieces,ou ecartelant d'autres armes. *Cette Loy n'eſt pas receuë en Eſpagne,ny en Allemagne, ny univerſellement en France.*

6. Pour blaſonner un eſcu on commence toûjours par le chãps;aprés on ſpecifie lesfigu.

res, leur situation, nombre, &c.
disant par exemple , *France*,
d'azur à trois fleurs de lys d'or,
deux & une.

7. Le seul escusson avec ses
emaux , & ses figures est de
l'essence du blason , & les armoiries de la famille sont blasonnées quand on a specifié ces
deux choses ; le reste n'étant
qu'ornement.

8. En blasonnant les figures,
on commence par la principale : toutes les pieces honorables tiennent rang de principales, excepté le chef , & la bordure, quand il y a d'autres pieces dans l'escu : ainsi pour blasonner les armoiries des *Flottes*,
& des *Salvaings* de Dauphiné
qui sont representées cy-aprés,
on dit ; *Flotte* porte lozangé de
gueules , & d'argent au chef
d'or *Salvaing* porte de l'Empire

de figures, quelque bizarres qu'el-
les soient.

I.

1. S. GILLES, d'azur semé de fleurs de lys d'argent.

2. ARRAGON, d'or, à 4. paux de gueules.

3. VIANDEN, de gueules à une face d'argent.

4. FLANDRES, d'or au lion de sable.

5. BOURGOGNE, ecartelé : au premier, & quatriéme semé de France à la bordure composée d'argent, & de gueules qui est *Nevers* ou *Bourgogne moderne*, au 2. & 3. bandé d'or & de gueules, à la bordure de gueules qui est de *Bourgogne ancien.*

6. CHAMPAGNE, d'azur à une bande d'argent accompagnée de 2. cotices potencées, & contrepotencées d'or.

Vrfe', de vair, au chef de gueules.

8. Derval, ecartelé : au 1. & 4. d'hermine qui eſt de *Bretagne* : au 2. & 3. d'argent à 2. faſces de gueules, qui eſt *Derval.*

9. Contarini, d'or à 3. bandes d'azur.

10. Escovbleav Sovrdis, party d'azur, & de gueules à la bande, ou cottice d'or brochant ſur le tout.

11. France, d'azur à 3. fleurs de lys d'or 2. & 1.

12. Navarre, de gueules aux chaiſnes d'or miſes en pal, bande, faſce, barre, & orle ; quelques-uns pour abbreger diſent aux chaînes *marrelées.*

13. Terrail-Bayard, d'azur au chef d'argent chargé d'un lyõ iſſant de gueules au filet d'or brochãt ſur le tout.

14. Du BEC, fufelé d'argent, & de gueules : party d'hermine au chef danché de gueules, qui eft d'o.

15. La ville de Lion, de gueules au lyon d'argent au chef coufu de France.

16. LE PALATINAT DV RHEIN : de fable au lyon d'argent couronné d'or *il eft contourné pour regarder les autres ecuffons.*

17. L'ELECTORAT DE BAVIERE, de gueules au monde ceintré, & croisé d'or.

18 BAVIERE, fufelé en bande d'argent, & d'azur.

19 METZ, party de fable.

20 LOMELLINI, de gueules coupé dor.

21 CAPPONI, tranché de fable & d'argent.

22 ZVRICH, taillé d'argent & d'azur,

23 SEYSEL, party, cou

pé , tranché , taillé, d'or , & d'azur.

24 GROLE'E, party coupé, tranché , taillé d'or & de fable.

25 LE SAIX, ecartelé d'or, &
de gueules.

26 BAGNI, ecartelé en fautoir
d'or & d'azur.

27 SICILE , d'or à quatre paux
de gueules, flanqué d'argent
à deux aigles de fable.

28 POLANO , tiercé en fafce
d'or, d'azur , & d'argent.

29. NOMPAR, tiercé en bande
d'or, de gueules, & d'azur.

30. LUSIGNAN, tiercé en pal :
au 1. burelé d'argent , & d'a-
zur au lyon de gueules couronné d'or brochant fur le tout qui
eft de *Lufignan* : au 2. d'argent
à la croix potencée d'or accompagnée de 4. croifettes de
même , qui eft Hierufalem :
au 3. d'argent au lion de gueu-

Duc de Lesdiguieres.

Duc d'Vsez.

Duc de Mortemar.

Marquis de S. Chamond.

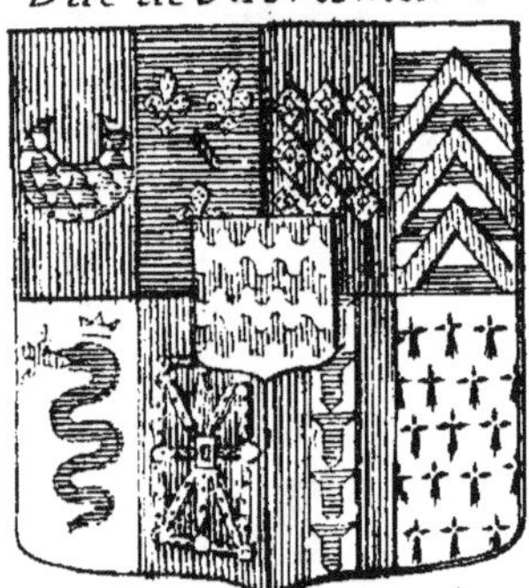

Ecu d'Alliances de Chaponnay.

les , qui eſt Armenie.

I I.

1. M. LE DUC DE LESDIGUIE-
RES , party de 2. coupé d'un
ou de 6. quartiers : au 1. d'or
au crequier de gueules, qui eſt
Crequi : au 2. d'or à 2. lyons
paſſans de gueules l'un ſur l'autre , qui eſt de *Blanchefort* ; au
3. d'or au loup raviſſant d'a-
zur , qui eſt *Agoult* : au 4. d'a-
zur à 3. tours d'or, qui eſt *Mon-
tauban* : au 5. d'azur à 3. pals
d'or au chef de même , qui eſt
Vaeſc : au 6. d'or à 2. leopards
d'azur , qui eſt *Maubec :* ſur le
tout de gueules au lyon d'or
au chef couſu d'azur chargé de
3. roſes d'argent qui eſt *de Bonne.*

2. M. LE DUC D'VSEZ ,
Ecartelé au 1. & 4. faſcé d'or,

& de sinople, qui est de *Crussol*: party d'or à 3. chevrons de sable, qui est de *Levy* : au 2. & 3. grands quartiers ecartelé au 1. & 4. d'azur à 3. estoilles d'or mises en pal, qui est de *Galiot Génovillac* ; au 2. & 3. d'or à 3. bandes de gueules, qui est *d'Assier* : sur le tout de gueules à 3. bandes d'or , qui est *Usez*.

3. M. le Duc de Morte-mar, party de 3. coupé d'un, ou de 8. quartiers: au 1. de gueules au croissant de vair, qui est de *Maure* : au deux d'azur à 3. fleurs de lys d'or , au bâton alaisé de gueules posé en bande en abysme, qui est *Bourbon*. au 3. de gueules à 9. macles d'or 3. 3. 3. qui est *Rohan*: au 4. burelé d'argent & d'azur à 3. chevrons de gueules brochans sur le tout, qui est *la Roche-foucaut* ; au 5. d'argent à la

guivre d'azur engloutiſſant un enfant iſſant de gueules , qui eſt *Milan* : au 6. de Navarre déja expliqué : au 7. de gueules au pal de vair , qui eſt *Eſ-cars* : au 8. d'hermine , qui eſt *Bretagne* : ſur le tout faſcé on-doyé de gueules , & d'argent, qui eſt *Roche-choüart,*

4. M. LE MARQUIS DE S. CHAMOND , ecartelé au 1. & 4. d'argent au ſautoir de gueu-les, à la bordure de ſable char-gée de 8. fleurs de lys d'argent, qui eſt *Mite Chevrieres* ; au 2. d'argent à 3. bandes de gueu-les , qui eſt *Milans* : au 3. de gueules à l'aigle eſployée d'ar-gent , qui eſt *Rouſſilon* : ſur le tout d'argent à une faſce de gueules party d'azur, qui eſt S. *Camond.*

l'ay ajoûte à ces eſcus de plu-ſieurs quartiers, le Pennon des

Alliances de la Maison de Cha-
ponay : l'une des plus Illuſtres
du Lyonnois & Dauphiné.

Il eſt party de quatre traits,
coupé de trois, ou de 20. quartiers.

Le 1. eſt party, coupé, tranché, taillé d'or eſt de ſable qui
eſt *Grolée*.

Le 2. de gueulles à la faſce
d'argent chargée de trois fleur.
delys d'azur qui eſt *Beaumond*
en Dauphiné.

Le 3. Gironné d'or & de
gueules qui eſt Berengier.

Le 4. Burellé d'argent &
d'azur au lion de gueules brochant ſur le tout qui eſt *Saſſe-*
nage.

Le 5. de gueules à l'aigle
eployée d'argent qui eſt *Rouſſil-*
lon Bochage.

Le 6. de gueules ſemé de
Fleurdelys d'or à la bande d'ar-

gent qui eſt *Alleman.*

Le 7. de gueules à la faſce d'argent, qui eſt la *Poype.*

Le 8. Écartelé d'or & de gueules qui eſt *Beauvoir.*

Le 9. de gueules à deux che-vrons d'argent ſommez d'une triangle de méme qui eſt *Poi-ſieu.*

Le 10. d'azur à trois têtes de leopards qui eſt de *Roux.*

Le 11. de gueules à trois vi-res d'or qui eſt de Virieu.

Le 12. de gueules à la croix d'or qui eſt *La Porte.*

Le 13. de gueules à la ban-de engreſlée d'argent chargée d'une cotice de ſable qui eſt *Sachenay.*

Le 14. d'azur à 3. jumelles d'or en bande au chef d'argent chargé de trois corneilles de ſable qui eſt *Varey.*

Le 15. Lozangé d'or & d'a-

zur parti d'argent à trois demy vires de gueules, qui eſt de
Villeneuve de Joux.

Le 16. ſemé de France au
chef d'argent chargé d'un lion
de gueules qui eſt *Pompierre*.

Le 17. d'azur à trois palmes
d'or qui eſt de *Palmier*.

Le 18. de ſable à deux vires d'or qui eſt *Albiſſi*.

Le 19. coupé de gueules &
d'azur au lion d'or couronné
brochant ſur le tout , qui eſt
Gabiano.

Le 20. d'azur à trois molettes d'or au chef de gueules
chargé d'un lion leopardé d'argent, qui eſt de *Villars*.

Sur le tout d'azur à trois
coqs d'or membrez , bequez,
crêtez de gueules qui eſt *Chap-
ponnay*.

e.
de

au
nc
· les

ri·

&
né
eſt

et·
les
ar·

ois
z,
up·

l·

Pieces propres du Blason fol. 73
chef   pal   fasce   bande   barre   croix
Auaugour / Sautoir
Abbati / cheuron
Bethune / bordure
Noailles / orle
Coursy / franc quartier
Alinges / pointe
La Guiche / Sasee
Gorreuod / bande
Saluaing / pale
Randau / barre
Arces / burele
S. Blaise / cotice
Cursol
Coetquen / emanche
Amboise / eschique
Danmglia / points equipolez
Clerembaut / fusele
Turene / lozange
Auteuille / ayronne
Vaudrey / iumelles
Vantadour / tiercees
Baissy / frettes
Du Bec / cheuron brise
Craon / trecheur
Berenger 2. r
Rubempre / rāgez en chef
Bourbourg / en fasce
Humieres / en bande
de Violle / en pal
Escosse / en pairle
Marneuil 2. 2.
Monchal / en croix
Nagu / en sautoir
Espiney 3. 2. 1.
Gourdon / en orle
Scindel 3 3 3
Riberac
Portugal
D'Orne
Poitiers
Medicis
Malestroit

III.

1. Avaugour , d'argent au chef de gueules.

2. Abbati, d'azur au pal d'argent.

3. Bethune, d'argent à la fasce de gueules.

4. Noailles , de gueules à la bande d'or.

5. Coursy , d'argent à la barre engreslée, de gueules.

6. Alinges , de gueules à la croix d'or.

7. La Guiche , de sinople au sautoir d'or.

8. Gorrevod, d'azur au chevron d'or.

9. Salvaing , de l'Empire à la bordure de France.

10. Randavy. de gueules à l'orle d'argent.

11. Arces , d'azur au franc quartier d'or.

D

12. S. BLAISE , d'azur à la pointe d'argent.

13. CURSOL , fascé d'or & de sinople.

14. COETQUEN , bandé d'argent & de gueules.

15. AMBOISE, pallé d'or & de gueules.

16. DAMUGLIA , barré d'argent & de gueules.

17. CLEREMBAUT , burellé d'argent & de sable.

18. TURENE , cotticé d'argent & de gueules.

19. AUTEVILLE, pallé d'argent & de gueules de 8. pieces.

20. VAUDREY, emmanché de gueules & d'argent.

21. VENTADOUR , echiqueté d'or & de gueules.

22. BOISSY, cinq points d'argēt equipolez à quatre d'azur.

23. DUBEC , fuselé d'argent & de gueules.

24. CRAON , lozangé d'or &
de gueules.

25. BERENGER , gyronné d'or
& de gueules.

26. RUBEMPRE', d'or à 3. jumelles de gueules.

27. BOURBOURG, d'azur à 3.
tierces d'or.

28. HUMIERES, d'argent fretté de fable.

29. VIOLLE, de fable à 3. chevrons brisez d'or.

30. ECOSSE , d'or au lyon de
gueules enclos dans un double trefcheur fleuré & contrefleuré de même.

31. MARNUEIL , de gueules à
3. befans d'or.

32. MONCHAL, de gueules au
chef d'or chargé de 3. molettes d'azur.

33. NAGU, d'azur à 3. lozanges d'argent.

34. ESPINOY , d'azur à 3. be-

D ij

fans d'argent mis en bande.

35. GOURDON , d'azur à 3. eftoiles d'or mifes en pal.

36. SCINDEL , de gueules à 3. billettes d'or mifes en pairle.

37. RIBERAC , de gueules à 4. lapins accroupis d'argent.

38. PORTUGAL , d'argent à 5. ecuffons d'azur pofez en croix le chacun chargé de 5. befans d'argent , à la bordure de gueules chatelée d'or de fept pieces.

39. DORNE , d'argent à 5. annelets de gueules pofez en fautoir.

40 POITIERS, d'azur à fix befans d'argent au chef d'or.

41. MEDICIS , d'or à un tourteau de France , & 5. autres de gueules difpofez en orle, celuy de France en chef.

42. MALESTROIT, de gueules à neuf befans d'argent. 3.3.3.

e.
3.

3.
le.
s à
nt.
5.
en
de
or.
lée

un-
en

be.
or.
ur.
res
rle

ales
3.

S. Aulaire   Brances   Oraison   Sorvin   Aolie   Aurignate
Lunelles   Chaberts   Gex   Vignacourt   La Motte   Pompadour
St Colombe   Bec la Motte   Baulton   Fouquet   Viry   S. Alban
Boursier   Luiron   Boissat   Molat   Moschatin   Montvaignard
Choigny   Amanzé   S. Priest   S. Didier   Roquevgyre   De Meaux
Albertaz   Lopis   Malet   Granery   de Chales   Groin
Chambaran   Boloigne   Brosses   Boche   Maréchal   Arlatin

I V.

1. BEAUPOIL S. AULAIRE en Limofin, originaires de Bretagne, de gueules à 3. couples de chiens d'argent dreffées les attaches tournées à droit.

2. BRANCAS originaires d'Italie, de gueules au pal d'argent chargé de trois tours d'azur, & accofté de quatre pates de lion d'or mouvantes des quatre angles de l'efcu.

3. ORAISON en Provence, de gueules à 3. fafces ondées d'or.

4. CORSANT en Breffe, d'argent à la fafce de gueules chargée de 3. croifettes d'argent.

5. AGLIE' S. MARTIN, d'azur à neuf l'ozanges accollées, 3. 3. 3. d'or.

6. ANTIGNATE - COURLON
en Champagne , originaire
d'Italie, d'azur au lyon d'argent armé, & lampaſſé d'or
ſoûtenant de la patte droitte
une fleur de lys de même,
par conceſſion : briſé de 2.
batons de gueules l'un brochant en bande ſur la criniere & l'autre ſur la cuiſſe
droitte.

7. RECLAINES - LUNELLES
en Dauphiné , originaires
de Berry ; d'or à 3. chevrons
de ſable accompagnez de 3.
croiſettes patées de même.

8. CHABERT , originaires de
Dauphiné:d'azur à la bande
d'argent chargée de 3. rocs
de ſable à l'orle de potences
tournées d'argent briſé d'une molette d'argent à l'angle ſeneſtre de l'eſcu.

9. GEX, Baron de S. Chriftofle en Faucigny: d'azur au lyon d'or lampaffé de gueules à la fafce de gueules chargée de trois rofes d'argent brochant fur le lyon.

10. VIGNACOURT, d'argent à 3. fleurs de lys de gueules au pied nourry.

11. LA MOTTE DE BRION en Vivarets, de gueules à l'aigle eployée d'or à 2. teftes.

12. POMPADOUR, d'azur à 3. tours d'argent.

13. SAINTE COLOMBE en Beaujolois, ecartelé d'argent & d'azur.

14. BEC LA MOTTE en Beaujolois, d'argent à l'aigle eployée à 2. teftes de fable.

15. BAILLON, en Lyonnois, d'azur au lyon leopardé d'or tenant la patte droitte fur un tronc ecoté & allezé de

même mis en pal, le chef
chargé de trois fleurs de lys
d'or, sommées d'un lambel
à quatre pendans de même.

16. FOUQUET, d'argent à un ef-
cureul rempant de gueules.

17. VIRY en Genevois, pallé
d'argent & d'uzur.

18. POBEL S. ALBAN en Sa-
voye, de sinople à une bande d'or chargée de trois coquilles de sable.

19. BOURSIER S. AUNEX en
Languedoc, d'azur à une colomne d'argent soûtenuë de
2. lyons affrontés d'or.

20. LIVRON de gueules à une
bande d'argent accostée de
deux cottices de même.

21. BOISSAT, de gueules à une
bande d'argent accompag-
née de six bezans d'or.

22. MELAT, d'argent à 3.
emanches de gueules mou-

vantes du chef, & termi-
nées de 3. roses de même.

23. MESCHATIN, d'azur au
rencontre de cerf d'or, au
chef d'argent.

24. MONTUAGNARD, en Fau-
cigny, d'argent au lyon de
gueules à la bande compo-
née d'or & d'azur.

25. BLOT : ecartelé, au 1. &
4. de sable au lyon d'or à la
bordure engreslée de mê-
me, au 2. & 3. d'or à 3. bandes de gueules.

26. AMANZE', de gueules à
trois coquilles d'or.

27. S. PRIEST, cinq poincts
d'or equipollez à quatre d'a-
zur.

28. S. DIDIER, d'azur au lyon
couronné d'argent à la bordure de gueules fleurdelisée
d'or de 8. pieces. *Le lyon est
couronné dans tous les anciens
sceaux.* D v

29. CABRE DE ROQUEVEY-
re, de gueules à une chevre
saillante d'argent & une
fleur de lys d'or en chef.

30. DE MEAUX, d'argent à 5.
couronnes d'espines de sable. 2. 2. 1.

31. ALBERTAZ, de gueules au
loup rempant d'or.

32. LOPIS, de gueules à un chasteau d'argent en chef, & un
loup portant une brebis
courant d'or en pointe.

33. MALET, Sires de Graville : de gueules à 3. fermaux
d'or.

34. GRANERY, de gueules à
une fasce d'or accompagnée
en chef d'une tour d'or & 2.
espics recourbez de même
en pointe.

35. MILLET DE CHALES, d'a-
zur au chevron d'or chargé
d'un autre de gueules ac-

compagné de 3.étoiles d'or.

36. GROIN en Berry, d'argent
à 3.testes de lyons arrachées
de gueules couronnées d'or,

37. CHAMBARAN, d'or à la
bande de gueules chargée
de 3.cloches d'argent bataillées de même.

38. BOLOIGNE, d'argent à une
patte d'ours de sable mise en
pal, chargée de 6. besans
d'argent, 3. 2. 1. d'autres
disent percé de 6.pieces en
rond.

39. BROSSES, d'azur à 3.treffles
d'or.

40. BOCHE, de gueules à 3.
voiles enflées d'argent.

41. MARECHAL, d'or à 3. Dia-
demes de SS. d'azur rayon-
nées au dedans d'argent, *la*
pluspart des Autheurs blason-
nent mal ces armes, & disent:
d'or à 3. tourteaux d'azur

chargez chacun d'une étoile d'argent.

42. ARLATAN-BEAUMONT, de gueules à 5. lozanges d'argent en croix.

V.

1. RENAULD, de gueules à une fasce d'argent, accompagnée de 2. lozanges d'or.

2. BEAUNE, de gueules au chevron d'argent, accompagné de trois besans d'or.

3. SAUTEREAU, d'azur à la croix d'or accompagnée de quatre faucons d'argent, becquez, armez & grilletez d'or.

4. YSNARD, d'azur au sautoir d'argent, accompagné de 4. molettes d'or.

5. ROGER BEAUFORT, d'argent à la bande d'azur, ac-

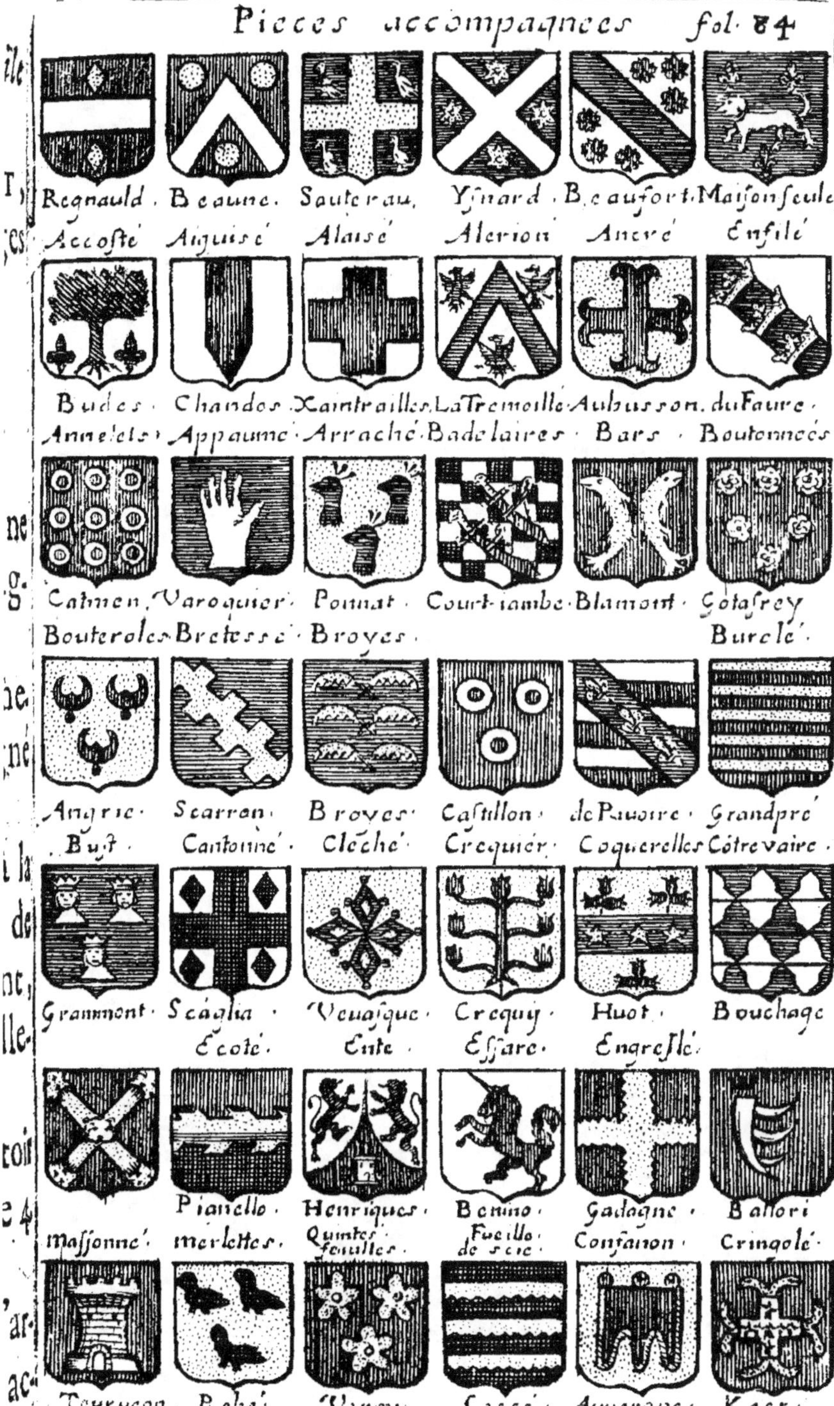

Regnauld. Beaune. Sauterau. Ysnard. Beaufort. Maisonseule
Accosté   Aiguisé   Alaisé   Alerion   Ancré   Enfilé

Budes   Chandos   Xaintrailles   LaTremoille   Aubusson   duFaure
Annelets   Appaume   Arraché   Badelaires   Bars   Boutonnees

Catinen   Varoquier   Poinnat   Court-iambe   Blamont   Gotasrey
Bouteroles   Bretesse   Broyes   Burcle

Angrie   Scarron   Broyes   Castillon   de Pauoire   Grandpré
Bust   Cantonné   Cléché   Crequier   Coquerelles   Côtrevaire

Granmont   Scaglia   Veuasque   Crequiy   Huot   Bouchage
Ecoté   Ente   Essare   Engreslé

massonné   Pianello   Henriques   Benino   Gadagne   Bastori
merlettes   Quintefeuilles   Fueillé de scie   Confanon   Cringolé

Touracon   Rebé   Verou   Cossé   Auverane   Kaer

compagnée ou accoſtée de ſix roſes de gueules.

6. Maison-Sevle , d'azur au limier paſſant d'argent, accõpagné de 3.fleurs de lys d'or.

7. Budes-Guebriant , d'argḗt au pin de ſinople accoſté de deux fleurs de lys d'azur.

8. Chandos , d'argent au pal aiguiſé de gueules.

9. Xaintrailles , d'argent à la croix alaiſée de gueules.

10. La Trimoville , d'argent au chevron d'azur , accõpagné de 3.aleriõs d'azur.

11. Avbusson, d'or à la croix ancrée de gueules.

12.Faure,d'argent à une bande en deviſe d'azur , enfilée dãs 3.courõnes Ducales d'or.

13. Coetmen , de gueules à 9. annelets d'argent , 3.3.3.

14. Varoquier:d'azur à une main dextre appaumée d'argent.

15. PONNAT , d'or à 3. testes
de Paon , arrachées d'azur.

16. COURT JAMBE, echiqueté
d'argent & de sable, à 2. badelaires de gueules, anchez,
liez, virolez & rivez d'or.

17. BLAMONT , de gueules à
2. bars addossez d'argent.

18. GOTAFREY , de gueules à
3. roses d'argent bouton-
nées d'or.

19. ANGRIE, d'or à trois bouteroles de gueules.

20. SCARRON, d'azur à la bande bretessée d'or.

21. BROYES, d'azur à trois broyes d'or estenduës en fasce
l'une sur l'autre.

22. CASTILLON DE BEYNE ,
de gueules à 3. annelets d'argent.

23. RIVOIRE , fascé d'argent
& de gueules à la bande
d'azur , chargée de 3. fleurs

de l'ys brochant sur le tout.

24. GRANDPRE', burelé d'or & de gueules.

25. GRAMONT, d'azur à trois busts de Reines, couronnez à l'antique d'argent.

26. SCAGLIA DE VERRUE, d'argent à la croix de sable, accompagnée de 4. lozanges de même.

27. VENASQUE, d'or à la croix vuidée, clechée, & pommettée d'azur.

28. CREQUY, d'or au crequier de gueules.

29. HVOT, d'or à la fasce d'azur, chargée de 3. molettes du champ, accompagnée de 3. bouquets de coquerelles de gueules.

30. BOUCHAGE, contrevairé.

31. GUICHENON, de gueules au sautoir d'or engoulé de cinq testes de leopard de même.

32. PIANELLO, coupé de gueules & de sable au tronc ecoté d'or mis en fasce.

33. HENRIQUEZ, tiercé en
mantel, au 1. & 2. de Leon:
au 3. de Castille.

34. BENINO, d'argent à une
licorne effarée de gueules.

35. GADAGNE, de gueules à
une croix engréflée d'or.

36. BATTORI, de gueules à
une machoire de loup cou-
ronnée d'argent.

37. TARVEON, de gueules à
une tour d'argent.

38. REBE', d'or à trois merlettes de sable.

39. VERGY, de gueules à trois
quintefueilles d'or.

40. CASSE', de sable à 3. fasces danchées par en bas, autrement dites fueilles de
scies d'or.

41. AUVERGNE, d'or au gon-

Fougasse
Chabots
De Bais
Componé
Guiffrey
Contrepalé
Tulles
Côtrepointe
Bertrand
Côtrecôponné
Roudroy
Rais

Chabot
Cousu
Vallin
Crenelé
Meyrons
Denché
Trauner
De lun
Seue
en l'autre
Ray
Donjonné

Duhautuillar.
Coisse
Lestana
Chef soustenu
Papon
Dragonne
Builloud
escu en abisme
Allegrein
chausse trapes
Geoffroy
de moulin

Buatier
Coupé
Ursins
Defferces
Bretigny
Dards
S. Aubin
Esployé
Fuzelier
Pic fiché
Rauistal
Fov

la+Cheurieres
Guiure
Gaudar
Couronné
S. Hilaire
Hure
Aualon
Issant
Cremeaux
Immortalité
Le Vie
Cantoné

Milan
Lambel
Chauari
Mariné
Chamboy
Monstreuse
Seruient
Morné
Nicole
Massacré
Chaiot
Rasechaussée

Treffouses
De Hés
Mondragon
Leon
Compain
Costam

fanon de gueules frangé de
finople.

42. KAER, de gueules à une
croix d'hermine, gringolée
ou guivrée d'or.

VI.

1. FOUGASSE LA BARTELAS-
SE, de gueules au chef d'argent, chargé de trois rofes
de gueules.

2. DE BAIS, d'azur à la fafce
d'or chargé de trois tourteaux de fable remplis d'argent : que quelques blafonneurs nomment yeux de
Faucons.

3. GUIFFREY, d'or à la bande
de gueules chargée d'un
griffon d'argent.

4. TULLES, d'argent à un pal de
gueules chargé de 3. papillons d'argent.

5. BERTRAND, d'or au chevron

d'azur chargé de 3. fleurs
de lis d'or , accompagné de
gueules.

6. Rouvroy , de fable à la
croix d'argent chargée de 5.
coquilles oreillées de gueules.

7. Chabot , d'or à trois chabots de gueules.

8. Vallin , de gueules à la
bande, componnée d'argent
& d'azur.

9. Meyrans, pallé,contrepal-
lé d'argent & d'azur , à la
fasce d'or.

10. Trauner , d'argent à
2. chevrons contrepointez
d'azur.

11. Seve , fafcé d'or & de fable à la bordure contrecom-
ponée de méme.

12. Rais , de gueules au rais
d'efcarboucle d'or.

13. Dv Hautuillar, d'azur,
à 3. rofes d'argent , au chef

couſu de gueules , au lyon
iſſant d'or.

14. L'Estang, d'azur à trois
faſces crenelées d'argent ;
celle d'en bas ouverte au
milieu en porte.

15. Papon, d'or à la croix d'a-
zur , au chef danché de
gueules.

16. Builloud, tranché d'argent & d'azur à 3. tourteaux
d'azur ſur l'argent & trois
beſans d'argent ſur azur que
les blaſonneurs nomment
de l'un en l'autre.

17. Allegrin, party de gueules & d'argent à une croix
ancrée de l'un à l'autre.

18. Geoffroy , d'azur à une
tour d'or donjonnée de 3.
pieces.

19. Buatier, d'or au ſanglier
de ſable colleté par un levrier de gueules.

20. Vrsins , bandé d'argent

& de gueules, au chef d'argent chargé d'une rose de gueules, soûtenu d'une trangle d'or chargé d'une anguille d'azur.

21. Bretigny, d'argent au lyon dragonné de gueules couronné d'or.

22. S. Avbin, d'argent à un ecusson de sable, & trois molettes de même rangées en chefs.

23. Fuzelier, d'or à une fasce de France, accompagnée de 3. chaussetrappes de sable.

24. Ravistal, d'argent au fer de moulin de sable.

25. La Croix Ghevrieres, d'azur à une teste & col de cheval coupé, au chef cousu de gueules, chargé de trois croisettes d'argent,

26. Gaudar, d'or à la bande d'azur, chargée de 3. defen-ses d'argent.

27. S. HILAIRE, d'azur à trois fers de dards verſez d'argent.

28. AVALON, de gueules à l'aigle eſployé à deux teſtes d'argent.

29. CREMEAUX, de gueules à 3. croix trefflées au pied fiché d'or, au chef d'argent chargé d'une onde d'azur.

30. DE VIC, de gueules à une foy d'argent miſe en faſce, & un ecuſſon d'azur à une fleur de lys d'or, & la bordure de même mis en chef.

31. MILAN, d'argent à la guivre tortillée d'azur, l'iſſant de gueules.

32. CHAVARY, d'or au lyon de ſable couronné de gueules.

33. CAMBOY, d'argent à une hure de ſanglier de ſable.

34. SERVIENT, d'azur à 3. bandes d'or au chef couſu du premier, au lyon naiſſant du ſecond.

35. Nicole, coupé d'azur &
d'argent, au Phenix de l'un
en l'autre sur son immortalité, au bucher de gueules.

36. Chalot, d'or à une croix
patée de gueules, cantonnée
de 4. lyons, couronnez de
même.

37. Tressauses, party de
gueules, & d'argent, au
l'ambel de trois pendans de
l'un en l'autre.

38. Hof, de gueules au lyon
mariné d'argent.

39. Montdragon, de gueules
au dragon monstrueux d'or
ayant teste humaine, & barbe de serpentaux.

40. Leon en Bretagne, d'or
au lyon morné de sable.

41. Compaing, à Orleans,
d'azur au rencontre de cerf
d'or, & une fleur de lys de
même en chef.

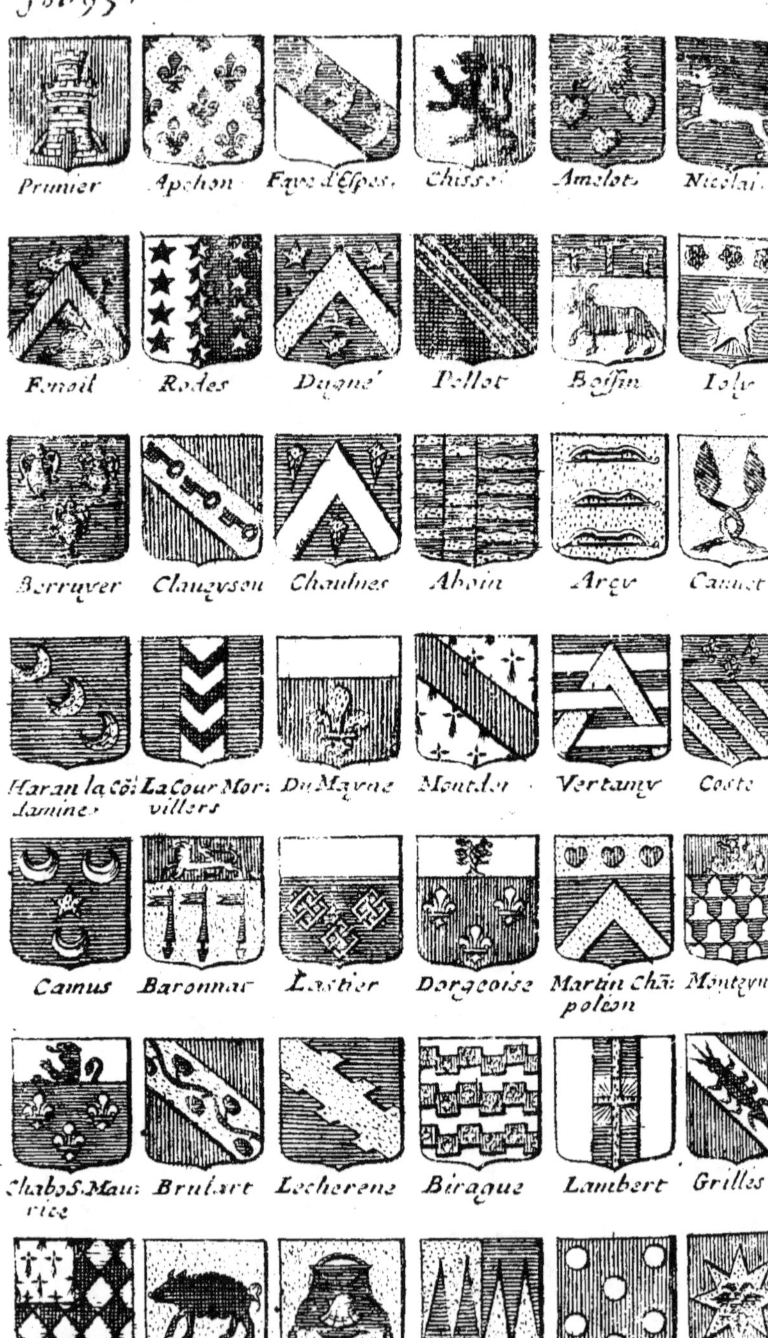

Prunier
Apchon
Faye d'Espes.
Chisse
Amelot
Nicolai
Feroil
Rodes
Dugné
Pellot
Boissin
Ioly
Berruyer
Clauzson
Chaulnes
Aboin
Arcy
Camet
Haran la Cö: Iamine
La Cour Mor: villers
Du Mayne
Montdor
Vertamy
Coste
Camus
Baronnat
Lastier
Dorgeoise
Martin Chä: poleon
Montgnard
Chabo S. Mau: rice
Brulart
Lecherene
Birague
Lambert
Grilles
Lamoignon
Porcelet
Romieu
Quiqueran
Auguiere
Sol.

42. COSTAIN, d'azur à une fafce hauffée d'argent, accompagnée de dix lozanges d'or, quatre en chef & 4.2. en pointe.

VII.

1. PRUNIER, de gueules à une tour donjonnée d'argent.

2. APCHON, d'or femé de fleur de lys d'azur.

3. FAYE D'ESPESSES, d'argent à la bande d'azur chargée de trois teftes & cols de licornes d'or.

4. CHISSE', d'or parti de gueules au lyon de fable brochant fur le tout.

5. AMELOT, d'azur à trois cœurs d'or 2. & 1. furmontez d'un foleil de même.

6. NICOLAI, d'azur au levrier d'argent accollé & bouclé d'or.

7. FENOIL, d'azur au taureau furieux d'or, & un chevron de gueules brochant sur le tout.

8. RODES, party d'argent & de sable à 13. estoiles mises en pal de l'un en l'autre.

9. DUGUE', d'azur au chevron d'or accompagné de trois estoiles de même, celle de la pointe couronnée.

10 PELLOT, de sable à une tierce d'or.

11. BOFFIN, d'or au bœuf de gueules au chef d'azur chargé de trois potences de Calvaire, d'or.

12. IOLY en Bresse, d'azur à l'estoile rayonnante d'or au chef de même chargé de 3. roses de gueules.

13. BERRUYER, d'azur à trois vases couverts d'or.

14. CLAVEYSON, de gueules à

à la bande d'or chargée de trois clefs de fable.

15. CHAVLNES, d'azur au chevron d'argent accompagné de trois clouds d'or.

16. ABOIN, fafcé contre-fafcé d'or & d'azur d'onze pieces, party d'or à cinq fafces ondées d'azur.

17. ARCY, d'or; trois arcs d'argent couchez en fafce l'un fur l'autre.

18. CAUVET, d'or à deux pins de finople paffez & repaffez en fautoir fruitez d'or.

19. HARAN LA CONDAMINE, d'azur à trois croiffans d'or mis en bande.

20. LA COUR MORUILLIERS, d'azur au pal d'argent chargé de trois chevrons verfez de fable.

21. DU MAYNE, de gueules à la fleur de lys d'or, au chef d'argent.

E

22. MONTDOR, d'hermines à la bande de gueules.

23. VERTAMY, d'azur à 3. fasces d'argent & un chevron d'or entravaillé dans la 2. & la 3. brochant sur la plus haute.

24. COSTE originaire de Gennes, d'azur à trois bandes d'or au chef d'azur chargé de trois fleurs de lys d'or 2. & 1. par concession de deux de nos Roys.

25. CAMUS, d'azur à 3. croissans d'argent, & une estoile d'or en Abisme.

26. BARONNAT d'or à 3. guidons d'azur, dressez en pal au chef de gueules chargé d'un lyon leopardé d'argent.

27. LATTIER, d'azur à trois frettes allezées d'argent au chef de même,

28. DORGEOISE, de gueules

à trois fleurs de lys d'argent au chef de mesme chargé d'un chesne à 2. branches passées en sautoir de sinople.

29. MARTIN CHAMPOLEON, d'azur au chevron d'or au chef de mesme chargé de trois cœurs de gueules.

30. MONTEINARD, de vair au chef de gueles chargé d'un lyon naissant d'or.

31. CHABO S. MAURICE, d'azur à trois fleurs de lys d'argent au chef de mesne au lyon naissant de sable.

32. BRULARD, de gueules à la bande d'or chargée d'une traînée de sable tortillée, & de cinq barilles de mesme.

33. LECHERENE, d'azur à la bande Eccotée d'or.

34. BIRAGUE, d'argent à 3. fasces côtrebretessées de gueules chargées de treffles d'or.

35. LAMBERT, d'argent au pal d'azur chargé d'une croix d'or anglée de même.

36. GRILLES, de gueules à la bande d'argent chargée d'un grillon de sable.

37. LAMOIGNON, lozangé d'azur & de sable au franc quartier d'hermine.

38. PORCELLET, d'or à une truye de sable.

39. ROMIEU, d'or à une bouge de pelerin d'azur houppée de même chargée d'une coquille d'argent.

40. QUIQUERAN, Ecartelé emmanché, d'or & d'azur.

41. AYGUIERE, de gueules à six besans d'argent, 5. en sautoirs & un en pointe.

42. SADE, de gueules à une estoile d'or de 8. pointes chargée d'un aigle à 2. testes de sable par concession de l'Em-

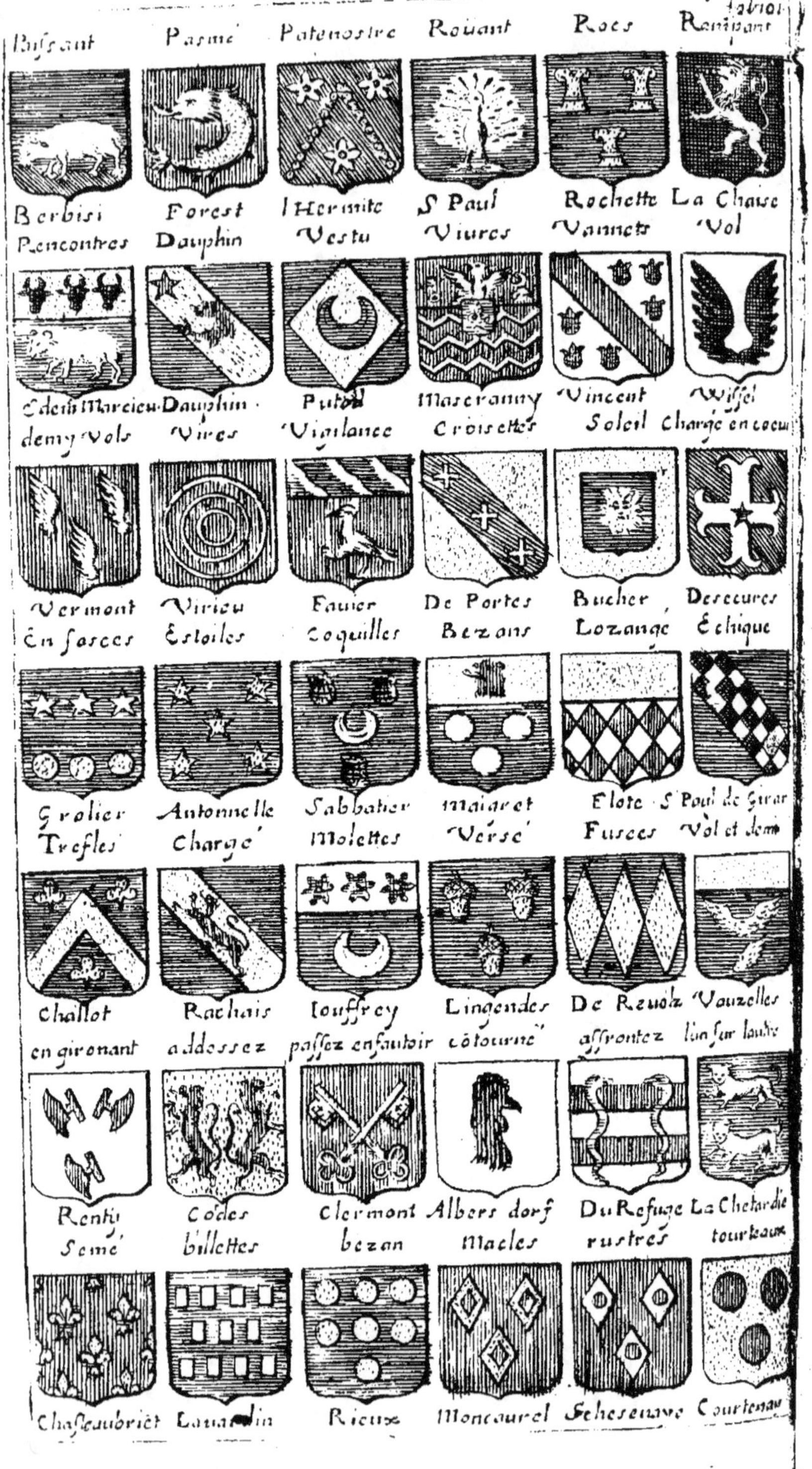
Tablou
Puissant   Pasmé   Patenostre   Rouant   Rocs   Rampant
Berbisi   Forest   l'Hermite   S Paul   Rochette   La Chaise
Rencontres   Dauphin   Vestu   Viures   Vannets   Vol
Edein Marcieu   Dauphin   Putod   Maseranny   Vincent   Wissel
demy Vols   Vires   Vigilance   Croisettes   Soleil   Chargé en coeur
Vermont   Viricu   Fauier   De Portes   Bucher   Desecures
En forces   Estoiles   Coquilles   Bezans   Lozange   Eclique
Grolier   Antonnelle   Sabbatier   maiaret   Elote   S Poul de Girar
Trefles   Chargé   Molettes   Versé   Fusees   Vol et demi
Challot   Rachais   Iouffrey   Lingendes   De Reuolz   Vauzelles
en gironant   addessez   passez en sautoir   côtourné   affrontez   l'un sur l'autre
Renti   Codes   Clermont   Albers dorf   Du Refuge   La Chetardie
Semé   billettes   bezan   Macles   rustres   tourteaux
Chasteaubriet   Lauardin   Rieux   Moncaurel   Schesenave   Courtenau
4
4
6
7

pereur Sigifmond , faite à
Elzeas de Sade le 11. Jan-
vier 1416.

VIII.

1. BERBISY, d'azur à une brebis paiffante d argent fur une
terraffe de finople.

2. FOREST , d'azur au dauphin pafmé d'or.

3. L'HERMITE , de finople au
chevron de patenoftres d'or,
accompagné de 3. quinte-
fueilles d argent.

4. S. PAUL , d'azur au Paon
roüant d'argent.

4. ROCHETTE, d'azur à 3. rocs
d'or.

6. LA CHAISE , de fable au
lyon couronné d'argent.

7. EME MARCIEU, d'azur à un
mouton d'argent , au chéf
de même, chargé de trois ré-

E iij

contres de Taureaux de sable.

8. DAUPHIN S. ELTIENNE, d'azur à la bande d'or, chargée d'un dauphin & d'une estoille de gueules.

9. PUTOD, d'or vestu d'azur au croissant de même.

10. MASCRANNY, de gueules à 3. fasces vivrées d'argent au chef de gueules, à l'aigle esployée d'argent addextré d'une clef d'argent, senestré d'un casque de même: l'escu chargé en cœur d'un ecusson d'azur à une fleur de lys d'or, cét ecusson, ce chef, & les pieces qui le chargent sont des concessions faites par divers Souverains à cette famille originaire des Grisons, où elle est ancienne & illustre.

11. VINCENT, Seigneur de Rambion, d'argent à la bande

de gueules , accompagnée de fix coquilles oreillées de même.

12. VVISSEL , d'argent au vol de fable.

13. VERMONT , de gueules à trois demy vols d'argent.

14 VIRIEU, de gueules à trois vires d'argent.

15. FAVIER, de gueules à une gruë d'argent , avec fa vigilance d'or: *c'eſt la pierre qu'elle tient levée pour s'empêcher de d'ormer*, au chef confu d'azur chargé de 3. rivieres miſes en bande d'argent.

16. DE PORTES, d'or à une bande de finop'e chargée de trois croiſettes d'argent.

17. BUCHER , d'azur au foleil d'or à la bourdure de même.

18. DES ECURES, de finople à la croix ancrée d'argent,

E iiij

chargée en cœur d'une estoille de sable.

19. GROLIER , d'azur à 3.
estoilles d'argent rangées en
fasce sur trois besans d'or,
disposez de même en fasce
abbaissée.

20. ANTONNELLE , d'azur à
5. estoilles d'or mises en sautoir.

21. SABBATIER, d'azur à trois
coquilles d'or au croissant
d'argent en abysme.

22. MEGRET , d'azur à trois
besans d'argent, au chef d'or
chargé d'une teste de lyon
arrachée de gueules.

23. FLOTE , lozangé d'argent
& de gueules au chef d'or.

24. GIRAR S. PAUL , d'azur
à la bande echiquetée d'argent & de sable de trois
traits.

25. CHAILLOT en Dauphiné,

d'azur au chevron d'or, accompagné de trois treffles de même.

26. RACHAIS DE VERNATEL, d'azur à la bande d'or chargée d'un lyõ de gueules.

27. IOUFFREY, d'azur au croissant d'argent, au chef de même, chargé de 3. molettes de sable.

28. LINGENDES, famille illustre en personnes Eloquentes & spirituelles, d'azur à 3. glands versez d'or.

29. RVOLZ, d'azur à trois fusées d'or rangées en fasce.

30. VAVZELLES, d'azur à un vol & demy d'argent au chef d'or.

31. RENTY, d'argent à 3. douloires de gueules mises en gyronnant, c'est à dire qu'elles regardent les angles de l'Ecu.

32. CORDES, d'or à deux lyons addossez de gueules.

33. CLERMONT, de gueules à 2. clefs addossées & passées en sautoir d'argent.

34. ALBERSDORF, d'argent à une teste & col de coq, arraché & contourné de gueules.

35. DE REFVGE, d'argent à deux fasces, de gueules & deux guivres d'azur, tortillées & affrontées en pal brochantes sur le tout.

36. LaCHETARDIE, d'azur à deux chants d'argent l'un sur l'autre.

37. CHASTEAU-BRIANT, de gueules semé de fleurs de lys d'or.

38. LAVARDIN, d'azur à onze billettes d'argent, 4.3.4.

39. RIEUX, d'azur à sept besans d'or, 3.3.1.

40. MONCAUREL, de gueules
à 3. macles d'or.

41. SCHESENAYE, de gueules
à 3. ruſtres d'argent.

42. COURTENAY, d'or à trois
tourteaux de gueules.

TERMES DU BLASON
Expliquez.

CHaque Art a ſes termes,
qui luy ſont propres, quelques-uns de ces termes n'é-
tant pas d'uſage commun par-
my les hommes, ont beſoin
d'une interpretation particuliere, il y en a de deux ſortes,
ceux qui ſont propres des
Emaux & des figures dont
les armoiries ſont compo-
ſées, & ceux dont on ſe ſert
pour exprimer les poſitions &
les formes differentes de ces
figures. Ainſi à proprement
parler les uns ſont les noms des

fujets , & les autres des attributs. l'explique les uns & les
autres.

Il y a des fujets communs
dont les noms font ordinaires
comme Aigles, Lions , Griffons & generalement la plufpart des chofes naturelles &
artificielles dont les noms ne
nous font pas moins connus
que les chofes mêmes. Il y en
a neanmoins quelques - unes,
qui ont retenu en Blafon des
noms anciens qui ne font plus
fi connus , ou qui font eftran-
geres & d'un ufage moins commun pour eftre connuës de
tout le monde , ce font celles
que je veux expliquer icy par
ordre Alphabetique.

A

ABifme eft le milieu & le
centre de l'Ecu , quand
on fuppofe que l'Ecu eft rem-

pli de trois, quatre ou plusieurs
autres figures, qui estant elevées en relief font de ce milieu
une espece d'Abysme. Ainsi
quand on void une piece beaucoup plus petite au milieu de
ces trois, quatre, ou six figures
qui paroissent plus elevées, on
doit dire qu'elle est en Abysme, comme s'il y avoit un croissant, une estoile, une fleurdelys
ou une rose entre les quatre
Lyons des armoiries de Beau-
veau, on diroit que ce Croissant, cette rose, & cette estoile
seroit en Abysme : & tout autant de fois que l'on commence
à blasonner par d'autres figures
que par celles du milieu, celle
qui est au milieu est dite estre
en abysme. Ce que n'ont pas entendu ceux qui ont dit simple-
mét que le milieu de l'Ecu en est
appellé l'Abisme. Car ce terme

est relatif & suppose d'autres pieces au milieu desquelles une plus petite est comme Abismée.

Achemens sont les Lambrequins ou chaperons d'estoffe decoupez qui enveloppent le Casque & l'Ecu, & sont ordinairement des mêmes Emaux que les armoiries.

Alerion est une aiglette sans bec & sans ongle comme ceux de Montmorency.

Annelet est un petit anneau tout rond.

Annilles sont fers de Moulin, ainsi nommez parce qu'ils se mettent autour des anneaux des Moyeux pour les fortifier, & parce que souvent ces annilles sont faites en forme de croix anchrée, on a donné quelquefois le nom d'Anilles à ces croix.

Azur eſt la couleur bleuë que les Orientaux nomment *Lazul.*

B

BAdelaires ſont des eſpées, courtes, larges, & recour-bées comme celles des armoi-ries de Court-jambe.

Bande eſt une piece honora-ble qui occupe diagonalement le tiers de l'Ecu par le milieu de droitte à gauche.

La Barre occupe l'autre mi-lieu de gauche à droite.

Bars ſont des Barbeaux, poiſ-ſons que l'on repreſente en ar-moires courbez, & addoſſez quand il y en a deux.

Baſton eſt le tiers d'une ban-de mis dans le meſme ſens, on ne le nomme baſton que quand il eſt briſure.

Beſans ſont monnoyes d'or ou d'argent ſans marque, qui du

nom de la ville de *Byzance* ont eu le nom de Befans.

Billetes font des billets quarrez, longs, fort vfitez en armoiries.

Biffe eft une efpece de ferpent particuliere, que les Italiens nomment *Bifcia* & il femble que ce foit de fon fifflemét qu'ils ayent formé ce nom.

Bouterolle eft le bout du fourreau d'un Badelaire ou Cimeterre, & comme on a dit autrefois *dague à roelle*, on a dit auffi *Bout à roelle*, dont eft venu le terme de *Bouterolle*.

Bordure eft une piece honorable qui prend tous les bords de l'Ecu en forme de ceinture felon le fens de l'Ecu.

Bris eft une de ces longues happes de fer à queuë pattée, dont on fe fert pour foûtenir les portes fur leurs pivots &

pour les faire rouler fur leurs
gonds; & parce que la plufpart
des portes & des feneftres font
brisées en deux par le moyen
de deux de ces happes dont les
bouts entrent l'un dans l'autre
en pivot, on les nomme *Bris.* Il
y en a dans les armoiries des
Pays bas & d'Allemagne & les
vieux blafonneurs les nomment *bris d'huis.*

Broyes font les inftrumens
dont on fe fert à rompre le
chanvre pour le tiller plus aife-
mét. Les Anglois les nomment
Barnacles. La maifon de Broye
les a portées par allufion à fon
nom, & celle de Ioinville y
ajoûta un chef avec un Lion
naiffant.

Buft eft l'Image d'une tefte
avec la poitrine. Plufieurs villes
ont des Bufts de Saints pour
leurs Armoiries comme Limo-

ges celuy de S. Martial son Pa-
tron.

Butes sont les fers dont les Mareschaux se servent pour couper la corne du pied des chevaux. La maison de Butet de Savoye en porte trois en poignée.

C

Canettes sont des canes sans bec & sans pieds comme les Alerions & les Merlettes.

Canton est une partie quarrée de l'Ecu un peu plus petite que le quartier, les espaces que laissent les croix & les sautoirs, sont aussi nommez cantons.

Champagne est l'espace en bas d'un tiers de l'Ecu, elle est rare en Armoiries, en Espagne la Maison de Luna en porte une.

Chauffetrappe est un fer à quatre pointes disposées en triangle, tellement que de quel-que costé qu'elle soit tournée elle est toûjours assise sur trois de ses pointes & la quatriesme est dressée. Les anciens en se-moient sur les chemins pour empescher le passage de la Ca-valerie.

Chef est une piece honora-ble qui occupe le tiers le plus haut de l'Ecu.

Coquerelles sont les bourses de l'Alkakengue qui est un *so-lanum.*

Corniere est un anse de fer, qui ayant succedé aux Cornes que l'on mettoit anciennement aux Autels, Tables, Coffres, & autres choses pour les por-ter plus aisement en a retenu le nom de Corniere.

Cottice est une bande dimi-

nuée des deux tiers ; quand elle est pour brisure on la nomme bâton, autrement elle est
Cottice.

Couple est un bâton d'un demy pied avec deux attaches,
dont on se sert pour coupler
les chiens.

Crequier, est un Cerisier sau-
vage, qui ayant esté assez mal
representé en un temps où les
Graveurs & les Peintres n'é-
toient pas habiles gens, a retenu toûjours depuis la mesme
figure en armoiries.

D

DEfenses sont les longues
dents des Sangliers & des
Elephans, qui paroissent au dehors, & sont la principale de-
fence de ces animaux contre
ceux qui les attaquent.

Dextrochere est un bras droit
avec la main, dont pend quel-

quefois un fanon. Dans les actes du martyre de Sainte Agnes, & dans la vie de l'Empereur Maximin les bracelets font appellez *Dextrocheres*; parce qu'on les portoit principalement au poignet droit.

Douloire eft un inftrument dont fe fervent les Tonneliers, & tient de la hache & de la ferpe.

E

Cartelure, eft la partition de l'Ecu en quatre quartiers, & quand ils font contrepartis de cette forte on nomme ces quartiers contrecartelures.

Ecot eft un tronc ou groffe branche d'arbre à laquelle il refte les bouts des petites brâches qui ont été coupées. Le mot d'*Efcot* pris pour la partie du repas qu'on doit payer, vient de ce qu'on marquoit fur les tailles

ce que chacun devoit comme
on fait encore à la boucherie
& chez les boulangers. C'eſtoit
payer l'Eſcot, comme on a dit
depuis payer la taille, parce
que les exacteurs des villages
ne ſçachant pas écrire, mar-
quoient ſur des baſtons en les
taillant, la quotité des taxes.

Emaux ſont les metaux &
couleurs du blaſon qui s'email-
loient anciennement ſur les
armes & ſur les meubles.

Eſtaye eſt un petit chevron
dont on ſe ſert pour eſtayer ou
appuyer quelque choſe, *Statu-*
men.

Eſſonnier eſt une eſpece d'orle ou ceinture, & vient du
Grec. *Enzonion* qui ſignifie une
enceinte, ou ceinture.

F

F*Aſce* eſt une piece honorable qui occupe le tiers de

l'Ecu horizontalement par le milieu.

Fermaux sont agraffres & fermoirs dont on s'est servi anciennement pour fermer les Livres, & depuis pour arrester & fermer les chappes, ceintures, courroyes, on les a aussi nommez *Fermalets*, & c'est par allusion que les Malets Sires de Graville en portoient trois.

Foy sont deux mains iointes, parce qu'on les joint ainsi pour marque d'alliance, d'amitié & de fidelité, elles sont ainsi aux revers de quelques medailles Romaines avec ces mots *Fides exercituum*.

Fueille de scie est une fasce danchée par le bas, comme les scies. Cossé Brissac en porte trois.

Frette est le comble d'un toit, qui se fait le plus souvent de

perches croisées & entrelaf-
sées comme les frettes du Blafon. C'eft pour cela même que
la bande & les cottices de Chã-
pagne, qui n'ont pas toufiours
efté potencées, comme j'ay
remarqué en plufieurs anciens
monumens, font appellées *Fre-*
teaux en quelques vieux ma-
nufcrits.

Fusées font pieces plus éten-
duës en longueur que les Lozanges & affilées en pointe
comme les fufeaux, elles font
pieces d'Architecture, où l'on
fe fert pour ornement de fu-
sée & de pefons.

G

Giron eft une piece d'eftof-
fe taillée en triangle, à qui
on a donné le nom de giron,
parce que les femmes en portoient ainfi fur le fein que l'on
nomme giron de *Gremium.*

Gueules

Gueules ou *Gules* est le nom de la couleur rouge que les Orientaux nomment *gul* & *ghiul.*

Gonfanon, *Confanon*, ou *Confalon*, est un estendard ou banniere d'Eglise faite de plusieurs fanons ou pieces pendantes. La compagnie des penitens blancs d'Italie, & de quelques endroits de France est nommée *Societas Confalonis* ; parce qu'elle marche sous un Estendard, ou Confalon, & les Magistrats de Florence quand elle estoit Republique se nommoient Confalonniers ; parce qu'ils pouvoient seuls lever des troupes sous l'Estendard de la Republique.

Guivre ou *vivre* est une Vipere & se forme du Latin *Vipera*, & de l'Espagnol *Bivora.*

F

Gumenes sont les attaches des Anchres que les Italiens nomment *Gomene*.

H

HAmeydes sont trois chantiers ou longues pieces de bois en forme de Fasces alezées, qui se mettent sous les tonneaux qu'on nomme *Hames* au Pays-bas dont est venu le nom d'Hameydes. Une famille de Flandres qui porte ces Châtiers pour armoiries par allusion à son nom, en a introduit l'usage dans le Blason, cõme la maison de Crequi celuy du Crequier. *Ameyde* ou *Hameyde* est encore une barriere en Flamand, où les maisons de bois traversez se nomment *Hamme*, d'où vient le nom de *Hameau*, à cause des maisons de village basties de cette sorte, & des barrieres dont les che-

mins font fermez en Suiffe &
en Allemagne fur les auenües
de fes Hameaux, ce qui eft fort
incommode pour ceux qui vo-
yagent à cheval, s'ils n'ont des
gens de pied pour leur ouvrir
ces barrieres qu'ils trouvent
fur tous leurs chemins.

Hie eft un inftrument á bat-
tre le pavé quand on pave , &
Hure eft la tefte d'un Sanglier,
& de quelques poiffons, comme le Brochet.

Houffettes font brodequins ,
ou bas de chauffes.

Herfes font les treillis des
portes des Tours & Chafteaux
faits comme les Herfes des La-
boureurs.

Huchet eft une trompe pour
hucher, ou appeller.

I.

IVmelles font Burelles qui fe
mettent en armoiries de

deux en deux : *quasi gemella* :
les deux montans des presses
des Imprimeurs se nomment
Iumelles.

L

Abels, *& Labeaux* dont est
venu le terme de *Lambel* &
celuy de *Lambrequin* étoient
anciennement des rubans en
forme d'Eguillettes que lesjeu-
nes gens portoient au col ,
comme on y porte maintenant
des cravates. Ces rubans s'atta-
choient au col du Heaume , &
quand il estoit placé sur l'Ecu,
il en couvroit la partie la plus
haute , ce qui servoit à distinguer les enfans de leurs Peres,
parce qu'il n'y avoit que les
jeunes gens qui n'étoient pas
encore mariez qui les portas-
sent, dont est venu l'usage d'en
faire les brisures & les marques
de distinction. Les étrangers ,

qui n'ont pas eu cet usage luy
ont donné divers noms. Les
Italiens l'ont nommé *rastello*
ratteau , quelques Allemands
Brucken ponts,& quelques Autheurs l'ont pris pour des gout-
tes d'Architecture dont on luy
donne aujourd'huy commune-
ment la figure.

Lambrequins sont volets
d'etoffe decoupez, qui descen-
dent du Casque qu'ils coëffent,
& embrassent l'Ecu pour luy
servir d'ornement.

Leopard est un Lion passant
dont on void les deux yeux,
comme les trois des armoiries
d'Angleterre.

Lozange est une figure de
quatre pointes, dont deux sont
un peu plus estenduës que les
autres , & assise sur une de ces
pointes. C'est le Rhombe des
Mathematiciens ; & les quar-

reaux de vitres ordinaires, en ont pour la plufpart la figure.

Lunels font quatre croiffans appointez en forme de Rofes dont il n'y a des exemples qu'en Efpagne.

M

M*Acle* eft une maille de Cuiraffe, ou une Lozãge ouverte & percée en Lozange.

Molette eft l'Eftoile ouverte ou la rofette d'un efperon.

Maffacre eft une tefte de cerf, de bœuf, ou de quelque autre animal decharnée. Ce qu'il ne faut pas confondre avec les teftes & rencontres de ces mefmes animaux.

Merlettes font oyfeaux fans bec & fans pieds.

Morne eft un cercle ou extremité ronde d'un bafton, Huchet & autre chofe femblable. Il vient de *Murena* ou *Murenula*

collier,& bracellet,parce qu'ils
se faisoient anciennement en
forme de poisson plié en rond,
& se mordant la queuë comme
les Serpens.

N

N*Ylle* est le mesme *qu'Anille.*

O

O*Rle* est une bordure qui
ne touche pas les bords
de l'Ecu.

Ombre est l'Image d'un corps
si deliée que l'on void le champ
aux travers. *Tresignies* au Pays
bas porte une ombre de Lion.
On nomme aussi ombres de
Soleil , celles où l'on ne figure pas un nez , des yeux & une
bouche à cet Astre , comme
on le peint ordinairement.
Ainsi la croix des Herauts est
dite cantonnée de quatre ombres de Soleil.

F iiij

Otelles font bouts de fers de piques que l'on a appellez amandes pellées par abus, par-ce qu'ils en ont la figure.

P

P*Airle* eft une fourche, ou un pal, qui mouvant du pied de l'Ecu, quand il eft arri-vé au milieu, fe divife en deux autres parties égales qui vont aboutir aux deux angles du chef. Ce nom vient du Latin *Pergula* qui eft propre de ces fourches qui foutiennent les treilles.

Pal eft une des pieces hono-rables du Blafon, qui occupe le tiers de l'Ecu de haut en bas par le milieu.

Patenoftre eft un dizain de chappelet, ou le Chappellet entier.

Piles font pointes renver-sées, qui ne fe trouvent gueres

qu’en certaines armoiries d’Angleterre.

Q

Q**Vartier** est une des quatre parties de l’Ecu écartelé ou en banniere ou en sautoir. Il fait seul une des parties
honorables , & on le nomme
franc quartier.

Quintefueille est une fleur de
Pervanche de cinq fueilles
percée ou ouverte en cœur.

R

Les R*Ays* sont des bastons
pommettez & fleur-
delisez, ou bourdonnez mis en
pal, fasce, bande,& barre,com-
me les Rais d’une roüe. On les
nomme quelquefois Rais d’Escarboucle , quand ils ont en
cœur une de ces pierreries,cõ-
me l’ancienne armoirie de Cle-
ves, dont les modernes chan-
gent l’Escarboucle en un petit
Ecusson.   F v

Rencontre est la teste d'un Bœuf, d'un Cerf, d'un Bellier & de tout autre animal, dont on void les deux yeux.

Roc est le fer morné d'une lance de Tournoy, ou recourbé à la maniere des extremitez des croix ancrées. On l'appelle aussi Roc d'Echiquier, parce que les Tours des Echecs, que les Espagnols nomment *Roque*, ont la même forme.

Rustre est une Lozange percée en rond & vient de l'Allemand, *Rutten* qui signifie ces Lozanges percées, qui servent à arrester les gros clouds à vis des serrures & des happes des portes.

S

SAble est la couleur noire en armoiries.

Sautoir est une piece honorable faite en croix de S. André : elle servoit autrefois à clorre les bois ou sauts d'où elle a esté dite sautoir, *Saltuariũ*.

Sinople est la couleur verte.

T

Tortil est le diademe qui ceint les testes de Mores.

Treffle est un herbe à trois fueilles.

Trescheur est une tresse ou orle fleuré conduit dans le sens de l'Ecu.

V

Vair est une fourrure blanche & bleuë d'un animal que les Latins nomment *Varus*.

Vannets sont les coquilles dont on void le creux.

Vires sont anneaux passez les uns dans les autres comme aux armoiries d'Albissi, & de Virieu.

Vol est deux aisles d'oiseaux iointes, une seule se dit demi vol.

Outes ces figures reçoi-
vent diverses formes & diverses situations d'où naissent
divers attributs, dont il faut sçavoir les termes propres pour
bien dechiffrer les armoiries.

Les Chefs, Fasces, Bandes,
Paux Bordures, Croix, & Sautoirs, peuvent estre danchez,
alezez, bordez, chargez, en-
greslez, endentez, aiguisez,
echiquetez, vairez, frettez, en-
goulez, crenelez, breteßez, ba-
ftillez, ondez, vivrez, retraits,
componez, fuselez, lozangez
& les Croix peuvent estre an-
chrées, bourdonnées, cablées,
gringolées, recercelées, fleu-
ronnées, fleurettées, potencées, recroisettées, crampon-
nées, parées, aiguisées, écar-
telées, parties, coupées, vui-
dées, clechées, pommettées,
cantonnées, anglées ; & les

Croiſſans montans, renverſez, contournez, appointez, addoſſez.

Les Eſtoiles rayonnantes, Cometées, de cinq, de ſix, de huit & de ſeize Rais.

Les Arbres arrachez, fruitez, Ecotez.

Le cheſne *englanté*, paſſé & repaſſé en ſautoir, comme celuy de Roucre en Italie.

Les roſes boutonnées, les lys eſpanoüis.

Les autres fleurs tigées & fueillées.

Les Dauphins ſont barbez, lorrez, peautrez, paſmez.

Les Lions armez; lampaſſez, couronnez, vilenez, euirez, mornez, rampans, paſſans, poſez, leopardez, accroupis, addoſſez, acculez, contrerampans, contournez.

Les Vaches, & belliers ou

moutons accornez , clarinez,
accollez, paffans, paiffans , &c.

Les Taureaux furieux.

Les cerfs elancez,chevillez,
couchez , fommez de tant de
cors.

Les chiens courans , ram-
pans, affis.

Les chevaux gays, houffez,
bardez, effarez.

Les Buffles bouclez.

Les Ours & Chameaux em-
mufelez.

Les Serpens aiflez, tortillez,
pliez en rond.

Les Coqs creftez , barbez ,
bequez, &c.

Les Aigles bequées , mem-
brées, armées, diademées , ef-
ployées,à deux teftes, demem-
brées.

Les Colombes & autres oi-
feaux, volans, efforez,perchez.

Les oifeaux de leurre chapperonnez , perchez , grilletez, empietans.

Le Phenix fur fon immortalité.

La Gruë avec fa vigilance , le Pelican avec fa pieté.

Les coquilles oreilleés.

Les cloches bataillées.

Les fers à cheval cloüez.

Les dards, & fleches,armez, fuftez , empennez , encochez.

Les Badelaires anchez, rivez, cloüez, liez.

Les cors trompes , huchets , liez, enquichez, virolez.

Les Vaiffeaux , flottans, equippez.

Les Anchres ont leurs ftangues, leurs Trabes , & leurs Gumenes.

Les Cafques font tarrez de front ou de pourfil.

Les Tours font maffonnées, crenelées, dongeonnées,

ajourées , couliffées, ouvertes, couvertes,girouettées,buttées, pignonnées.

Les Maifons font efforées , ouvertes.

Les haches , marteaux , &c. emmanchez , emboutez.

Les Luths, violons, &c.cor-dez.

Les Efpées hautes , croisées, pommettées.

Les Couronnes , & annelets enfilez, enlaffez, &c.

Les voiles de Vaiffeau en poupe.

Les Gonfanons frangez.

Les teftes de Mores , tortil-lées.

Les Teftes des femmes coëf-fées, couronnées , chevelées.

Les mains appaumées.

Les Chefs coufus.

Les armoiries des puifnez brisées , celles des aifnez plei-nes.

Les armoiries des femmes, parties ou accollées à celles de leurs Maris.

Les Ecus panchez, accollez, liez, arrondis, couronnez, Tymbrez, &c.

Il faut expliquer maintenant ces Attributs, & ces Termes, afin qu'il ne manque rien à ces premieres connoiſſances du Blaſon, qui en ſont comme la grammaire, & les premiers principes.

TERMES DES ATTRIBUTS Du Blaſon, Expliquez.

A

Bbaiſsée, ſe dit des pieces qui ſont au deſſous de leurs ſituations ordinaires. Comme le chef qui occupe ordinairement le tiers de l'Ecu le plus haut peut eſtre abbaiſsé

fous un autre chef de Conceffion , de Patronage , de Religion , &c.

Ainfi les Commandeurs &
Chevaliers de l'ordre de S.Iean
de Jerufalem, qui ont des chefs
dans leurs armoiries les abbaif-
fent neceffairement fous celuy
de leur Religion.

La Fafce peut auffi eftre ab-
baiffée quand on la place plus
bas que le tiers du milieu de
l'Ecu qu'elle occupe ordinairement.

Le vol , & les aifles des oifeaux peuvent auffi eftre ab-
baiffez , quand au lieu d'eftre
elevez vers le chef de l'Ecu,ils
defcendent vers la pointe.

Abbouté fe dit de quatre
hermines dont les bouts fe repondent & fe joignent en
croix.

Accollé fe prend en Blafon ,

en quatre sens differens. 1.
pour deux choses attenantes &
jointes ensemble. Ainsi les Ecus
de France & de Navarre, sont
accollez sous une même couronne , pour les armoiries de
nos Rois. Les femmes accollent
leurs Ecus à ceux de leurs Maris. Les fusées , les Lozanges,
& les macles sont accollées
quand elles se touchent de
leurs flancs ou de leurs pointes , sans remplir tout l'Ecu.
Comme les trois Lozanges de
Nagu. 2. *Accollé* se dit des chiés,
des vaches , & autres animaux
qui ont des colliers ou des Couronnes passées dans le col, comme les Cygnes, les Aigles, &c.
3. des choses qui sont entortil-
lées à d'autres. Comme une
vigne à l'Echalas , un Serpent
à une colomne , ou à un arbre , &c. 4. On se sert de ce

terme pour les clefs , baſtons, maſſes , eſpées , bannieres & autres choſes ſemblables qu'on paſſe en ſautoir derriere l'Ecu.

Accompagné ſe dit de quelques pieces honorables quand elles en ont d'autres en ſeantes partitions. Ainſi la Croix ſe dit accompagnée de quatre eſtoiles , de quatre coquilles , de ſeize alerions , de vingt billettes , & quand ces choſes ſont également diſposées dans les quatre cantons qu'elle laiſſe vuides dans l'Ecu. Le cheuron peut eſtre accompagné de trois croiſſans , deux en chef & un en pointe, de trois roſes, de trois clouds, de trois beſans , &c. La Faſce peut eſtre accompagnée de deux lozanges, deux molettes , deux croiſettes , &c. L'une en chef , l'autre en pointe, ou de quatre tourteaux, quatre aiglettes, &c. deux en chef & deux en pointe. Le Pairle peut estre accompagné de trois pieces semblables, une en chef, deux aux flancs, le sautoir de quatre, une en chef, une en pointe, deux aux flancs. On dit le même des pieces mises, dans le sens de celles-là, comme deux clefs en sautoir, trois poissons mis en pairle, &c.

Accorné se dit de tous les animaux qui ont cornes, quand elles sont d'autres couleurs que l'Animal.

Accosté se dit de toutes les pieces de longueur, mises en pal ou en bande, quand elles en ont d'autres à leurs costez. Ainsi le pal, peut estre accosté de deux, de quatre, ou de six annelets, trois d'un costé, & trois de l'autre, de même un Arbre,

une lance , une pique , une efpée , &c. On dit le même de
la bande , quand les pieces qui
font à fes coftez , fuivent le
même fens qu'elles. Ainfi on
la dira accoftée de 2. de 4. &
de fix billettes, quand elles fe-
ront couchées dans le même
fens , trois d'un cofté & trois
d'un autre , fuivant l'eftenduë
de la bande , quand elles font
droites,on nomme alors la bande accompagnée de 2. 4. ou fix
fleurs delys, dont il faut enon-
cer la fituation , particulierement , quand il y en a fix, parce qu'elles peuvent eftre mifes
en orle. Quand ce font deux
piecez rondes , comme tourteaux , befans, rofes, annelets,
on peut fe fervir indifferemment du terme *Accofté* ou *Accompagné*

Accroupy fe dit du Lion,quand
il eft affis , comme celuy de la

ville d'Arles , & celuy de Venise. On dit le même de tous les animaux sauvages, qui sont en cette posture,& des lievres, lapins,& conils qui sont ramassez , ce qui est leur posture ordinaire , quand ils ne courent pas.

Acculé se dit d'un cheval cabré, quand il est sur cul en arriere, & de deux canons opposez sur leurs affusts , comme les deux que le grand Maître de l'Artillerie , met au bas de ses armoiries , pour marque de sa dignité.

Addextré se dit des pieces qui en ont quelqu'autre à leur droite , comme un pal , qui n'auroit qu'un Lion sur le flanc droit , seroit dit addextré de ce Lion.

Addossé se dit de deux animaux qui sont rampans , les

dos tournez , comme deux Lions, & deux clefs, sont aussi dites addossées , quand leurs pannetons sont tournez en dehors, l'un d'un costé, l'autre de l'autre , de mesme deux Faux, & generalement tout ce qui est de longueur & qui a deux faces differentes, comme les haches , les douloires , les marteaux &c.

Affronté est le contraire d'addossé, & se dit de deux choses qui sont opposées de front, comme de deux Lions, ou deux autres animaux.

Aiguisé se dit de toutes les pieces , dont les extremitez peuvent estre aiguës , comme le pal, la fasse, la croix, le sautoir.

Ajouré se prend pour une ouverture du chef, de quelque forme qu'elle soit ronde, quarrée,

rée, en croiſſant, &c. pourveu qu'elle touche le bout de l'E-cu. Il ſe dit encore des jours d'une tour, & d'une maiſon, quand ils ſont d'autre cou-leur.

Aiſlé ſe dit de toutes les pie-ces qui ont des aiſles contre nature, comme un cerf aîlé, un Lion aîlé, un cœur aiſlé, & des animaux volatils dont les aiſles ſont d'autres couleurs que le corps.

Alezé ſe dit des pieces ho-norables, retraites de toutes leurs extremitez, comme un chef, une faſce, & une bande qui ne touchent pas les deux bords, ou les deux flancs de l'E-cu, ſont pieces alezées. De meſ-me la croix, & le ſautoir, qui ne touchent pas les bords de leurs quatre extremitez.

Allumé ſe dit des yeux des

G

animaux quand ils font d'autre couleur , & d'un bucher ardent. On dit le mefme d'un flambeau , dont la flame eft d'autre couleur.

Anché fe dit feulement d'un cimeterre recourbé.

Anglé fe dit de la croix , & du fautoir, quand il y a des figures longues à pointes , qui font mouvantes de ces Angles. La Croix de Malthe des Chevaliers François eft anglée de quatre fleurs de lys, celle de la maifon de Lambert en Savoye , eft anglée de rayons , & celle des Machiavelli de Florence , eft anglée de quatre clous.

Animé fe dit de la tefte d'un cheval , & de fes yeux , quand ils paroiffent avoir action.

Antique fe dit des couronnes à pointes de rayons , des

coëffures anciennes, Grecques ou Romaines , parce que ces chofes font antiques & ne font pas de l'ufage moderne. Ainfi on dit des Bufts des Rois couronnez à l'antique , des teftes & bufts de femmes coëffées à l'antique. On peut dire le même des veftemens , des baftimens, & des niches Gotiques, qui font les armoiries de certaines de villes , comme celles de Montpellier, font une Image Noftre Dame , fur un fiege à l'antique en forme de Niche.

Appaumé fe dit de la main ouverte dont on void le dedans, qui eft la paume.

Appointé fe dit de deux chofes, qui fe touchẽt par les pointes , comme deux chevrons peuvent eftre appointez , trois efpées mifes en pairle, peuvent eftre appointées en cœur, trois fleches de mefme, &c.

Ardent fe dit d'un charbon allumé.

Armé fe dit des ongles des Lions, des griffons, des aigles, &c. & des fleches, dont les pointes font d'autre couleur que le fuft. Il fe dit auffi d'un foldat & d'un Cavalier, comme celuy des armes de Lituanie.

Arraché fe dit des arbres & autres plantes, qui ont des racines qui paroiffent, & des teftes & membres d'animaux, qui ne font pas coupez nets, & qui ont divers lambeaux & filamens encore fanglans ou non fanglans, qui paroiffent des pieces arrachées avec force.

Arrefté fe dit d'un animal, qui eft fur fes quatre pieds, fans que l'un avance devant l'autre, qui eft la pofture ordinaire des animaux que l'on appelle paffans.

Arrondi se dit de certaines choses qui estant rondes naturellement ou par artifice, ont certains traits en armoiries, qui servent à faire paroitre cet arrondissement, comme les boules, pour se distinguer des tourteaux & des besans, & les troncs d'arbres.

Assis se dit de tous les animaux domestiques, qui sont sur leur cul, comme les chiens, chats, Ecureuls, &c.

B

Aillöné se dit des animaux, qui ont un baston entre les dents, comme les Lions, les ours, les chiens, & les cochons.

Bandé se dit de tout l'Ecu couvert de bandes, ou des pieces bandées comme le chef, la fasce, le pal, & même quelques animaux, comme le Lion de Hesse.

Barbé se dit des coqs, & des Dauphins , quand leur barbe est d'un autre email.

Bardé se dit d'un cheval paré.

Barré se dit dans le même sens que bandé,de l'Ecu & des pieces couvertes de barres, qui vont diagonalement de gauche à droite.

Bastillé se dit des pieces qui ont des creneaux renversez , qui regardēt la pointe de l'Ecu.

Bataillé se dit d'une cloche, qui a le batail d'autre email qu'elle n'est.

Bequé se dit des oiseaux dont le bec est d'autre email.

Besanté se dit d'une piece chargée de besans comme une bordure bezantée de 8. pieces.

Bigarré se dit du papillon,& de tout ce qui a diverses couleurs.

Billeté se dit du champ semé de billettes.

Bisse est un serpent, & vient de l'Italien *Biscia.*

Bordé se dit des croix, des bandes, des Gonfanons, & de toutes autres choses, qui ont des bords de differents emaux.

Bouclé se dit du collier d'un levrier & d'un autre chien qui a des boucles.

Bourdonné se dit d'une croix, dont les branches sont tournées & arrondies en bourdons de Pelerins.

Boutonné se dit du milieu des roses & des autres fleurs, quand il est d'autre couleur que la fleur, il se dit aussi d'un rosier qui a des boutons, & des fleur-delys epanoüies, comme celle de Florence, dont sortent deux boutons.

Bretessé se dit des pieces

G iiij

crenelées, haut & bas en alter-
natiue comme la bande des
Scarrons.

Brisé se dit des armoiries des
puisnez & cadets d'une famille, où il y a quelque change-
ment par addition , diminu-
tion , ou alteration de quelque
piece pour distinction des brāches. Il se dit encore des chevrons , dont la pointe est dé-
jointe , comme ceux des Vio-
les. C'est une erreur d'appeller
les autres brisez.

Brochant se dit des pieces
qui passent sur d'autres, comme
une fasce , ou un chevron qui
broche sur un Lion. Les chevrons de la Rochefoucaut, brochent sur des burelles.

Burrellé se dit de l'Ecu rempli, de longues listes de flanc à
flanc , jusques au nombre de
dix , douze ou plus à nombre

egal , & de deux emaux differens.

C

Ablé se dit d'une croix, faite de cordes ou de Cables
tortillez. Il y en a un exemple
en Allemagne , & un en Angleterre ; qu'Vpton n'a pas
nommé , disant seulement, que
son grand Pere avoit esté fai-
seur de Cordes.

Cabré se dit d'un cheval acc-
culé.

Canelé se dit de l'Engrelure,
dont les pointes sont en dedans
& les dos en dehors comme les
canelures des colomnes en Architecture.

Cantonné se dit de la croix,
& des sautoirs accompagnez
dans les cantons de l'Ecu de
quelques autres figures.

Carnation se dit de toutes les
parties du corps humain, particulierement du visage , des

G v

mains & des pieds, quand ils font reprefentez au naturel.

Ceintré fe dit du globe ou monde Imperial entouré d'un cercle, & d'un demi cercle en forme de ceintre.

Cerclé fe dit d'un tonneau.

Chappé fe dit de l'Ecu, qui s'ouvre en chappeau ou en pavillon, depuis le milieu du chef, jufques au milieu des flancs. Telles font les armoiries des Peres Prefcheurs, & des Carmes, & c'eft l'image de leurs habits, de leurs robes & de leurs chappes.

Chapperonné fe dit des Eperviers.

Chargé fe dit de toutes fortes de pieces fur lefquelles il y en a d'autres. Ainfi le chef, la fafce, le pal, la bande, les chevrons, les croix, les Lions, &c. peuvent eftre chargez de

coquilles , de croiſſans , de roſes , &c.

Chaſtelé ſe dit d'une bordure , & d'un lambel, chargez de
huit ou neuf chaſteaux. La bordure de Portugal , & le lambel
d'Artois ſonr chaſtelez.

Chauſſé eſt l'oppoſé de Chappé.

Chevelé ſe dit d'une teſte ,
dont les cheveux ſont d'autre
email que la teſte.

Chevillé ſe dit des ramures
d'une corne de cerfs , & on dit

Chevillée de tant de Cors.

Chevronné ſe dit d'un pal, &
autre piece chargée de chevrons , ou de tout l'Ecu, quand
il en eſt rempli.

Clariné ſe dit d'un animal,qui
a des ſonnettes, comme les vaches, les moutons , les chameaux , &c.

Cleché ſe dit des arrondiſſe

mens de la croix de Tolofe dont les quatre extremitez font faites, comme les anneaux des clefs.

Cloüé fe dit d'un collier de chiens, & des fers à cheval, lors que les clouds paroiffent d'autre email.

Colleté fe dit des animaux, qui ont collier.

Componé fe dit des bordures, paux, bandes, fafces & croix ou fautoirs, qui font composées de pieces quarrées d'Emaux alternez, comme une tire d'Echiquier. Ainfi la bordure de Bourgogne, & la bande de Vallins, font componées, la bordure de Seve, eft contre-componée, parce que leur Ecu eftant fafcé d'or & de fable, & la bordure componée de même, les compons d'or repondent aux fafces de fable, & ceux de fable aux fafces d'or.

Contourné se dit des animaux, ou des testes des animaux, tournées vers la gauche de l'Ecu.

Contrebandé contrebarré, *contrebretessé*, *contrecartelé*, *contrefascé*, *contrefleuré*, *contrepallé*, *contrepotencé*, *contrevairé*. Sont pieces dont les bandes, barres, bretesses, ecartelures, fasces, fleurons, paux, potences, & vairs sont opposez.

Centrepassant se dit des animaux, dont l'un passe d'un costé, l'autre d'un autre.

Cordé se dit des luths, harpes, violons, & autres instrumens semblables, & des Arcs à tirer, quand leurs cordes sont de different email.

Coticé se dit du champ ou de l'Ecu, rempli de dix bandes de couleurs alternées.

Couché se dit du Cerf, Lion, Chien, & autres animaux.

Coulissé se dit d'un chasteau, & d'une tour, qui ont la herse ou coulisse à la porte.

Coupé se dit de l'Ecu partagé par le milieu horizontalement en deux parties égales, & des membres des animaux qui sont coupez nets, comme la teste, cuisses, &c.

Couplé se dit des chiens de chasse, liez ensemble.

Courant de tout animal qui court.

Courbé est la situation des Dauphins,& Bars qui ne s'exprime pas, leur estant naturelle & propre en armoiries. Il se dit des fasces un peu voutées en arc.

Couronné se dit des Lions,du Casque, & des autres choses, qui ont couronne.

Cousu se dit du chef, quand il est de metal, sur metal,ou de couleur sur couleur , comme aux armoiries des villes de Paris & de Lion, & des maisons de Bonne , de la Croix , Chevrieres & autres en Dauphiné, & ailleurs.

Couvert se dit d'une tour qui a un comble.

Cramponné de croix & autres pieces , qui ont à leurs extremitez une demie potence.

Crenelé se dit des tours, chasteaux, bandes, fasces,& autres pieces à creneaux.

Cresté se dit des coqs à cause de leur creste.

Croisé se dit du globe Imperial, & des bannieres , qui ont croix.

D

D*Anché* se dit du chef , de la fasce, de la bande,& du parti , coupé, tranché,taillé, & écartelé,quand ils se terminent en pointes aiguës, comme des dents.

Decoupé se dit des lambrequins, qui sont decoupez à fueilles d'Acanthe, & du papillonné.

De l'un en l'autre se dit du parti, du coupé, du tranché, de l'ecartelé, du fascé, du pallé, du bandé, &c. quand ils sont chargez de plusieurs pieces, qui sont sur l'une de ces parties de l'Email de l'autre reciproquement & alternativement, comme aux armoiries de Builloud où l'Ecu est tranché d'argent & d'azur à trois tourteaux d'azur sur l'argent, & trois bezans d'argent sur l'azur.

De l'un à l'autre se dit des pieces estenduës qui passent sur les deux pieces de la partition, ou sur toutes les fasces, bandes, paux, & alternant les Emaux

de ces partitions , comme Rodes Barbarel en Dombe, porte
parti de sable & d'argent à
treize estoiles, rangées en trois
paux, les cinq du milieu de l'un
à l'autre , & les quatre de
chaque flanc de l'un en l'autre.

Demembré se dit de l'aigle, du
Lion & de tout autre animal,
dont les membres sont sepa-
rez.

Denté se dit des dents des
animaux.

Dentelé se dit de la croix, de
la bande, & autres pieces à petites & dents.

Deux, un se dit de la disposi-
tion ordinaire de trois pieces
en armoiries , dont deux sont
vers le chef, & une vers la pointe , comme les trois fleurs de
lys de France.

Diademé se dit de l'aigle, qui

a un petit cercle rond fur la tefte.

Diapré fe dit des fafces, paux & autres pieces bigarrées de diverfes couleurs.

Diffamé fe dit du Lion, qui n'a point de queuë.

Divisé fe dit de la fafce, de la bande, qui n'ont que la moitié de leur largeur, & l'on dit fafce ou bande en divife.

Donjonné fe dit des tours, & chafteaux qui ont des tournelles.

Dragonné fe dit du Lion qui fe termine en queuë de Dragon.

E

Ecartelé fe dit de l'Ecu, divisé en quatre parties égales en banniere ou en fautoir.

Echiqueté fe dit de l'Ecu & des pieces principales, & même de quelques animaux, comme les aigles & les Lions, quãd ils sont composez de pieces quarrées, alternées, comme celles des Echiquiers: pour l'Ecu, il faut pour le moins qu'il ait vingt quarreaux, pour estre dit echiqueté, autrement on le dit equippolé, quand il n'en a que neuf, & quand il n'y en a que quinze, comme aux armoiries de Tolede, & de Quiñones on dit quinze points d'Echiquier. Les autres pieces doivent pour le moins estre echiquetées de deux tires, autrement elles sont dites componées

Ecoté se dit des troncs & brāches de bois dont les menuës branches ont esté coupées.

Effaré se dit d'un cheval levé sur ses pieds.

Elancé se dit du cerf courant.

Emanché se dit des partitions de l'Ecu, où les pieces s'enclavent l'une dans l'autre , en forme de longs triangles , piramidaux , comme aux armoiries de Vaudrey.

Embouté se dit des manches des marteaux , dont les bouts sont garnis d'email different.

Embrassé se dit d'un Ecu parti, ou coupé , ou tranché d'une seule emanchure, qui s'estend d'un flanc à l'autre, comme on verra dans ma pratique aux armoiries des Allemans.

Emmanché se dit des haches, marteaux, faulx & autres choses qui ont manche.

Emmuselé se dit des ours , chameaux , mulets , & autres animaux ausquels on lie le museau pour les empescher de mordre,& de manger.

Empenné se dit d'un dard,trait, ou javelot , qui a ses ailerons ou pennes.

Empietant se dit de l'oiseau de proye, quand il est sur sa proye, qu'il tient avec ses serres.

Empoigné se dit des fleches, javelots, & autres choses semblables de figure longue, quand elles sont au nombre de trois ou plus, l'une en pal, les autres en sautoir assemblées & croisées au milieu de l'Ecu. Les fleches de la devise des Estats de Hollande sont de cette sorte.

Enchaufsé est le contraire de chappé, & une figure rare.

Encoché se dit du trait, qui est sur un arc, soit que l'arc soit bandé ou non.

Enclavé se dit d'un Ecu parti, dont l'une des partitions entre dans l'autre par une longue liste.

Enclos se dit du Lion d'Ecosse, qui est enclos dans un trescheur.

Endenté se dit d'une fasce, pal, bande & autres pieces de triangles alternez de divers Emaux.

Enfilé se dit des couronnes, annelets, & autres choses rondes ou ouvertes, passées dans des bandes, paux, fasces, lances, ou autres pareilles choses.

Englanté se dit du chesne, chargé de glands.

Engoulé des bandes, croix, sautoirs, & toutes autres pieces, dont les extremitez entrent dans des gueules de Lions, Leopards, Dragons &c. comme les armoiries de Guichenon. Il y a aussi des meuffles de Lion qui engoulent le Casque, comme aux ancinenes armoiries des Ducs de Savoye.

Engreslé se dit des bordures,

croix, bandes, fautoirs qui font à petites dents , fort menuës , dont les coftez s'arrondiffent un peu.

Enguiché fe dit des cors , huchets; & trõpes, dont l'embou-cheure eft de different email.

Enlevé fe dit de certaines pieces qui paroiffent enle-vées , comme aux armoiries d'Anglure.

Enfanglanté fe dit du Pelican & autres animaux fanglans.

Enté fe dit des partitions , & des fafces , bandes , paux , qui entrent les uns dans les autres à ondes rondement.

Entravaillé fe dit des oifeaux qui ayant le vol eployé ont un batõ, ou quelque autre cho-fe paffée entre les aifles & les pieds.

Entrelaffé fe dit de trois croif-fans , de trois anneaux , & autres choses semblables passées les unes dans les autres.

Entretenu se dit des clefs & autres choses qui se tiennent liées ensemble par leurs anneaux.

Equippé se dit d'un vaisseau qui a ses voiles, cordages, & autres choses.

Equippolé se dit de neuf quarrez, dont cinq sont d'un email & quatre d'un autre alternativement.

Esbranché se dit d'un arbre, dõt les branches ont esté coupées.

Escaillé se dit des poissons.

Esclaté se dit des lances rompuës, & chevrons.

Esclopé se dit d'une partition, dont une piece paroit comme rompuë.

Escorché se dit des Loups, de gueules ou couleur rouge.

Espanoüi se dit des fleurde-lys,

lys, dont il fort des boutons entre les fleurons, & dont le fleu-
ron d'en haut, eft comme ouvert, comme en celle de Florence.

Efployé fe dit des oifeaux,
dont les aifles font eftenduës.

Efforant fe dit des oifeaux
qui n'ouvrent l'aile qu'à demi,
pour prendre le vent, & qui regardent le foleil.

Efforé fe dit des toits des
maifons de divers email.

Eftincellant fe dit des char-
bons, dont fortent des eftincelles, & *Eftincellé* d'un Ecu, femé
d'eftincelles.

Eviré fe dit du Lion, qui n'a
pas la marque du fexe.

F

Ailli fe dit des cheurons
rompus en leurs montans.

Fafcé fe dit de l'Ecu couvert
de fafces, & des pieces divi-

sées par longues listes.

Faux se dit des armoiries, qui ont couleur sur couleur ou metail sur metail.

Fiché se dit des croisettes, qui ont le pied aiguisé.

Fier se dit du Lion herissé.

Fierté se dit des balaines, dont on void les dents.

Figuré se dit du soleil sur lequel on exprime l'image du visage humain, de même des tourteaux, bezans, & autres choses, sur lesquelles la même figure paroit, comme seroit un miroir, &c.

Flambant se dit des paux, ondez & aiguisez en forme de flames.

Flanqué des paux, arbres, & autres figures qui en ont d'autres à leurs costez : aux armoiries de Sicile, les paux d'Arragon sont flanquez de deux aigles.

Fleuré se dit des bandes, bordures, orles, trescheurs & autres pieces dont les bords sont en façon de fleurs, ou de trefles.

Fleuri se dit des Rosiers, & autres plãtes, chargées de fleurs.

Florancé se dit de la croix, dont les extremitez se terminent en fleurdelys.

Flotant se dit des vaisseaux, & des poissons sur les eaux.

Forcené se dit d'un cheval effaré.

Frangé se dit des Gonfanons, qui ont des franges, dont il faut specifier l'email.

Fretté se dit de l'Ecu & des pieces principales, couvertes de bastons croisez en sautoir, qui laissent des espaces vuides & egaux en forme de lozanges.

Fruité se dit d'un arbre chargé de fruits.

Fueillé d'une plante qui a ſes fueilles.

Furieux d'un Taureau elevé ſur ſes pieds.

Fuſelé d'une piece chargée de fusées.

Fuſté d'un arbre , dont le tronc eſt de differente couleur & d'une lance ou pique , dont le bois eſt d'autre email que le fer.

G

GAy ſe dit d'un cheval nud, ſans harnois.

Garni d'une eſpée , dont la garde ou la poignée eſt d'autre email.

Gironné de l'Ecu divisé en ſix, huit, ou dix parties trian-gulaires , dont les pointes s'u-niſſent au centre de l'Ecu.

Gorgé ſe dit de la gorge & col du paon , cygne , & autres

semblables oiseaux , quand ils sont d'autre email.

Grilleté se dit des oiseaux de proye qui ont des sonnettes aux pieds.

Gringolé se dit des croix, sautoirs, fers de Moulin & autres choses pareilles , qui se terminent en testes de serpens.

Guivré est le même que *vivré*.

H.

Habillé est un terme entendu de tout le monde.

Haussé se dit du chevron & de la fasce, quand ils sont plus hauts que leur situation ordinaire.

Haut se dit de l'espée droite.

Herissonné d'un chat ramassé, & accroupi.

Hersé d'une porte qui a sa coulisse abbatuë.

Houssé d'un cheval qui a sa housse.

I

Is*fant* des Lions , aigles , &
autres animaux , dont il ne
paroit qu'une partie.

Iumellé fe dit d'un fautoir,
& d'un cheuron de deux Iumelles.

L

L*Ampaffé* fe dit de la langue
des Lions , & autres ani-
maux.

Langué de celle des aigles.

Leopardé du Lion paffant.

Levé des ours en pied.

Lié des chofes attachées,
comme clefs, huchets, &c.

Lionné des Leopards rampans.

Lorré des nageoires, des poiffons.

Lozangé de l'Ecu , & figures
couvertes de lozanges.

L'un fur l'autre des animaux
& autres chofes , dont l'une

est posée & estenduë au dessus d'une autre.

M

MAl ordonné se dit de trois
pieces mises en armoi-
ries, une en chef, deux autres
paralleles en pointe.

Mal taillé se dit d'une manche d'habit bizarre, il n'y en a
des exemples qu'en Angle-
terre.

Mantelé se dit du Lion &
autres animaux qui ont un
mantelet, & de l'Ecu ouvert
en chappe, comme celuy des
Henriquez, que les Espagnols
nomment tiercé en mantel.

Marché est un vieux terme
des anciens manuscrits, pour
la corne du pied des vaches,
&c.

Mariné se dit des Lions &
autres animaux qui ont queuë
de poisson, comme les sireines.

Masqué se dit d'un Lion qui a un masque.

Massonné des traits des tours, pans de mur, chasteaux & autres bastimens.

Membré des cuisses & jambes de aigles, & autres oiseaux.

Miraillé des aisles des papillons.

Monstrueux des animaux qui ont face humaine.

Montant des Escrevisses, croissans, epies, & autres choses dressées vers le chef de l'Escu.

Morné du Lion & autres animaux sans dents, becs, langue, griffes, & queuës.

Moucheté se dit du milieu du papelonné, quand il est plein de mouchetures, & des hermines.

Mouvant se dit des pieces attenantes au chef, aux angles,

aux flancs, ou à la pointe de l'E-
cu, dont elles semblent sortir.

Myparti se dit de l'Ecu, qui
estant coupé est parti seulement en une de ses parties.

N

Aissant se dit des animaux
qui ne montrent que la
tête sortant de l'extremité du
chef, ou du dessus de la fasce,
ou du second du coupé.

Naturel se dit des animaux,
fleurs & fruits representez,
comme ils sont naturellement.

Nebulé se dit des pieces faites en forme de nuées, comme
la bordure des Comtes de Fu-
stemberg.

Nervé se dit de la fougere
& autres fueilles, dont les nerfs
& fibres paroissent d'un autre
email.

Noüé se dit de la queuë du
Lion, quãd elle a des nœuds en

forme de houpes.

Noüeux se dit d'un Ecot, où baston à nœufs.

Nourri se dit du pied des plantes qui ne montrent point de racine, & des fleursdelys, dont la pointe d'enbas, ne paroit pas, comme aux armoires de Vignacourt.

O

Mbré se dit des figures qui sont ombrées ou tracées de noir, pour les mieux distinguer.

Ondé se dit des fasces, paux, chevrons & autres pieces un peu tortillées à ondes.

Onglé se dit des ongles des animaux.

Oreillé des Dauphins, & des coquilles.

Ouvert des portes des chasteaux, Tours, &c.

P

PAillé est le même que *diapré*.

Paiſſant, ſe dit des vaches,
& brebis qui ont la teſte baiſ-
sée pour paiſtre.

Paliſſé ſe dit des pieces à
paux ou faſces eguiſez, en-
clavées les uns dans les autres.

Pallé ſe dit de l'Ecu & figures chargez de paux.

Papillonné ſe dit d'un ouvrage à ecailles & moucheté.

Parti ſe dit de l'Ecu & des
animaux & autres pieces divi-
sées de haut en bas, en deux
parties égales, & du chef des
aigles à deux teſtes.

Paſmé du Dauphin ſans langue, la hure ouverte.

Paſſant des animaux qui
ſemblent marcher.

Paſſé en ſautoir des choſes qui
ſont miſes en forme de Croix

de S. André.

Paté des croix, dont les extremités s'elargissent en forme
de pate estenduë.

Peautré de la queuë des poiffons.

Pendant des deux, trois, quatre, cinq,&c. pieces pendantes
des lambeaux.

Percé des pieces ouvertes à
jour.

Perché des oifeaux fur la per-
che, & fur des branches.

Peri en bande, en barre, en
croix, en fautoir de ce qui eft
mis dans le fens de ces pieces.

Pignonné de ce qui s'éleve en
forme d'efcaliers de part &
d'autre pyramidalement.

Plié des oifeaux qui n'eften-
dent pas les aîfles, particulierement des aigles que l'on dit
alors au vol plié.

Plumeté eft le mefme que le

moucheté du pappelonné.

Pommetté se dit des croix, & rais tournez en plusieurs boules ou pommes.

Posé se dit du Lion arresté sur ses quatre pieds.

Potencé se dit des pieces terminées en T.

R

Acourcy est le même qu'Alezé.

Ramé est le même que chevillé pour les cornes de Cerfs, Daims, &c.

Rampant se dit du Lion droit.

Rangé de plusieurs choses mises sur une même ligne en chef, en fasce, ou en bande.

Ravissant d'un Loup portant sa proye.

Rayonnant du soleil, & des estoiles.

Recercelé de la croix ancrée, tournée en cerceaux, & de la queuë des cochons, & levriers.

Recoupé des Ecus my - coupez, & recoupez un peu plus
bas.

Recroisetté des croix, dont les
branches sont d'autres croix.

Rempli des Ecussons vuidez
& remplis d'autre email, comme Brezé.

Resarcelé des croix qui en ont
une autre conduite en filet
d'autre email.

Retrait des bandes, paux, &
fasces, qui de l'un de leurs costez, seulement ne touchent
pas les bords de l'Ecu.

Rompu des chevrons, dont la
pointe d'en-haut est coupée.

Roüant du paon qui estend
sa queuë.

S

SAillant d'une chevre &
mouton ou Bellier en pied.

Sanglé du cheval, & des
pourceaux, & sangliers qui

ont par le milieu du corps, une espece de ceinture d'autre email.

Sellé du cheval.

Semé des pieces, dont l'Ecu est chargé, tant plein que vuide, & dont quelques parties sortent de toutes les extremitez de l'Ecu.

Seneftré d'une piece qui en a une autre à sa gauche.

Sommé d'une piece qui en a une autre au deffus d'elle.

Soutenu au contraire de celle qui en a une autre au deffous.

Sur le tout se dit d'un Ecuffon qui eft fur le milieu d'une ecartelure & des pieces qui brochent fur les autres.

Sur le tout du tout se dit de l'Ecuffon qui eft fur le milieu de l'ecartelure d'un Ecuffon, qui eft déja fur le tout.

Surmonté est le même que sommé.

T

TAillé se dit de l'Ecu divisé diagonalement de gauche à droite en deux parties égales.

Terrassé se dit de la pointe de l'Ecu faite en forme de chãp plein d'herbe.

Tiercé se dit de l'Ecu divisé en trois parties en long, en large, diagonalement, ou en mantel.

Tigé se dit des plantes & fleurs.

Timbré se dit de l'Ecu couvert du Casque ou tymbre.

Tortillant se dit de la guivre ou serpent.

Tourné du croissant & autres pieces tournées.

Tracé c'est le même qu'ombré.

Tranché se dit de l'Ecu divisé

diagonalement en deux parties égales de droite à gauche.

Treilliſſé eſt le fretté plus ſer-
ré.

Trois, deux, un ſe dit de ſix
pieces diſposées, trois en chef
ſur une ligne, deux au milieu
& une en pointe de l'Ecu.

V

*V*Airé ſe dit de l'Ecu, & des
pieces chargées de Vairs.

Vergetté de l'Ecu rempli de
paux, depuis dix au delà.

Verſé ſe dit des glands, pommes de pin, croïſſans, &c.

Veſtu ſe dit des eſpaces que
laiſſe une grande lozange qui
touche les quatre flancs de
l'Ecu.

Vilené ſe dit du Lion, dont
on void le ſexe.

Virolé des boucles, mor-
nes, & anneaux des cors, huchets, trompes.

Vivré des fafces , bandes , paux,&c.à replis quarrez,comme la bande de la Baume.

Vuidé fe dit des croix & autres pieces ouvertes au travers defquelles on void le champ, ou fol de l'Ecu.

Il y a des exemples de tous ces attributs, dans les figures de cette methode , & de mes deux autres ouvrages de l'origine , & de la pratique des armoiries. Venons aux marques des dignitez , offices , & emplois , dont il faut donner des exemples.

XI.

Les Armoires du Pape Innocent XI. font d'argent à fix coupes couvertes de gueules pofées trois deux & un , entre trois filets de mefme mis en fa-

Dignitez Ecclesiastiques   fol. 186.
Pape   Cardinar   Archeuesque
Innocent XI.   Grimaldi   Neufuille
Euesque   Abbé   Abbesse
D'Allon   Albon   Alibert
Prieur   Protonotaire   Abbe regulier
Bertrand   Mauclerc   de la Fay
Eu Seigneur   Elect. Ecclesiastiq.   Pair Ecclesiast
De Lionne Eu de Gap   Cologne   Rheims

ce, surmontés d'un Lion Leopardé auſſi de gueules, au chef couſu d'or chargé d'une aigle eſployée de ſable , avec les ornements Pontificaux qui ont eſté expliquées ailleurs.

Hierôme Grimaldi, Cardinal Archeveſque d'Aix , d'argent à quinze fuſées de gueules, au chef de gueules chargé d'un aigle d'or , qui eſt la briſure de Grimaldi Cavaleroni, & une conceſſion de Charles Quint faite à Nicolas Grimaldi, le 25. Avril 1525.

Camille de Neufville , Archeveſque & Comte de Lyon, d'azur au chevron d'or, accompagné de trois croix ancrées de même : la croix à double traverſe, marque d'Archeveſque Primat : l'Ecu environné du cordon bleu d'où pend la croix des Chevaliers du Saint

Esprit comme Commandeur & Prelat associé à cét ordre.

Gaspard d'Aillon du Lude, Evesque & Comte d'Alby, d'azur à la croix engreslée d'argent : la mittre & la crosse marques d'Evesque : l'Ecu environné du dordon bleu d'où pend la croix du S. Esprit.

Claude d'Albon Abbé de Savigny, Chanoine, Archidiacre, & Comte de l'Eglise de Lyon, de sable à la croix d'or : la mitre en pourfil sur l'Ecu, & la crosse tournée en dedans, marques d'Abbé.

Antoinette d'Albert de Chaulnes, Abbesse du Royal Monastere de Saint Pierre, ecartelé au 1. d'argent au lyon couronné de gueules, qui est *Albert* : au 2. de gueules à deux reinseaux d'Alizier : d'argent passez en sautoir, au chef eche-

qué de trois traits d'argent &
d'azur, qui eſt *Ailly* : au 3. faſcé d'azur & d'argent, qui eſt
Pequigny : au 4. de ſinople à la
faſce d'hermine, qui eſt *Ognies
de Chaulnes* : l'Ecu accollé d'u-
ne croſſe, marque d'Abbeſſe.

François de Bertrand la Per-
rouſe, Prieur de Chindrieu,
S. Bertulfe, Doyen de Savoye,
&c. d'or au lyon de ſable, armé, lampaſſé, & couronné de
gueules : l'Ecu accollé d'un
bourdon, marque de Prieur.

Meſſire Iacques Mauclerc
Licentié ez droits, Conſeiller
Aumônier ordinaire du Roy,
Chanoine & Secretain de l'E-
gliſe Collegiale & Parroiſ-
ſialle, & chef du Chapitre
de S. Nizier de Lyon, Pre-
voſt Commandataire de S. Sal-
vadour, & Protonotaire du S.
Siege Apoſtolique, d'argent

à la croix ancrée de gueules l'ecu timbré du chapeau noir, marqué de Protonotaire.

Guillaume Manuel de la Fay, Abbé & chef general de l'ordre de S. Ruf, de gueules à trois treffles d'or : la mitre & la crosse avec son écharpe, marque d'Abbé Regulier.

Artus de Lionne, jadis Evesque & Comte de Gap: de gueules à une colomme d'argent, au chef cousu d'azur, chargé d'un lyon passant d'argent : cét Evesque accoste ses armes d'un crosse à droit, & d'une épée à gauche.

L'Eglise de Cologne, d'argent à la croix de sable : son Archevesque accollé son écu d'une crosse & d'une épée passées en sautoir.

L'Eglise de Rheims, semé de France à la croix de gueules : son Archevesque tymbre ses armes d'une couronne Ducale, & les enveloppe d'un manteau d'Hermine à cause de sa Pairie.

L'Empereur d'or à l'aigle éployée à 2. testes de sable, becquée, lampassée, membrée, & diademée de gueules, chargée en cœur de l'ecusson des armes de sa famille : l'écu tymbré de la Thiare Imperiale.

Le Roy d'Espagne ecartelé de Castille & de Leon, il ecartelle encore de plusieurs autres quartiers.

Le Duc de Savoye, de gueules à la croix d'argent : l'écu tymbré d'une couronne Royale, comme Roy de Chypre.

Le grand Duc, *ses armes sont blasonnées cy-dessus.*

Monsieur, Duc d'Anjou, fils de France : de France à la

bordure de gueules : l'écu tymbré d'une couronne ouverte
fleurdelisée.

Saxe, fascé d'or & de sable, au
crancelin de sinople mis en
bande sur le tout : l'écu tymbré
du bonnet Electoral.

Bonne , *blasonné cy-dessus* :
l'écu tymbré d'une couronne
Ducale.

Durazzo , d'argent à trois
fasces de sable, au chef de France : l'écu : tymbré d'une couronne de Marquis.

Hostun, de gueules à la croix
engreslée d'or, l'écu tymbré de
la couronne de Comte.

Damas, d'or à la croix ancrée
de gueules, l'écu tymbré du
bonnet de Baron : Il y a plusieurs Marquis, & Comtes de
cette famille.

X.

Empereur   R. d'Espagne   Du de Sauoye   Grand Duc   Princes du sam
Electeur   Duc   Marquis   Conte   Baron
Saxe   Bouue   Durazzo   Hostun   Damas
Grad Maistre   malthe   CHEVALIERS   S. Esprit   S. michel
Cotoner   Estampes   Pol: magnac   Ho zier
Toison   Iarhere   Annociade   S. Estienne
Tolede   Ignuby   Simu ane   l'Anglois
S. Iaques   S. Maurice   A Louis   S. Sacrement
Tarsis   Ta ne   Sil   man toüe
HONI SOIT QVI MAL Y PENSE

X.

CHEVALIERS.

Le grand Maiſtre de Malthe, ecartelé de la Religion,&
& de ſa famille du nom de *Cotoner* : l'eſcu tymbré de la couronne de Prince,& enveloppé du manteau de ceremonie de ſa dignité.

Le Bailly de Valençay de la maiſon d'Eſtampes : d'azur à 2. girons d'or mis en chevron, au chef d'or chargé de 3. couronnes Ducales de gueules : ce chef eſt abbaiſſé ſous celuy de la Religion : tous les grands croix accollent leur eſcu de la croix de l'ordre,que le P.Gouſſancourt donne à tous les Chevaliers en ſon martyrologe de Malthe,

G

Polignac , fascé d'argent & de gueules , l'escu entouré du collier du S. Esprit.

Hozier d'azur à une bande d'or accompagnée de six estoilles de mesme , l'escu entouré du collier de l'ordre S. Michel. Pour feu M. d'Hozier Gentilhomme du Roy , Juge general des armes & blasons de France,à qui la science Heraldique aura des obligations immortelles.

Tolede , echiqueté d'argent & d'azur de 15. pieces : l'escu entouré du collier de la Toisõ.

Igby , d'azur à une fleurdelys d'argent l'escu entouré de la Jartiere.

Simiane,d'or semé de Tours, & de fleurs de lys d'azur, l'escu entouré du collier de l'Annonciade pour le Marquis de Pianezze.

L'Anglois , coupé d'azur d'or, au 1. une teste d'aigle d'argent , au 2. deux membres du mesme oiseau passée en sautoir : au chef de la religion de saint Estienne de Florence, l'escu entouré du collier du même Ordre.

Tassis, coupé au 1. d'or à l'aigle naissant de l'Empirée, au 2. d'azur à un blereau ou tesson passant d'argent avec l'ordre de S. Iasques.

Tane, d'or à 3. estoiles d'azur , au chef d'azur chargé de 3. estoiles d'or rangées, l'écu accollé de la croix de S. Maurice.

Silva , d'argent au lyon de gueules, l'écu entouré du collier de l'Ordre d'Avis.

Mantoüe d'argent à la croix patée de sable accompagnée de 4. aiglettes de sable : bec-

quées & membrées de gueules
l'escu entouré du collier de
l'ordre du sang de I. C.

XI.

Ie ne sçaurois plus glorieu-
sement finir l'Abbrégé des armoiries , que par la montre du
plus Auguste des Blasons : c'est
celuy de France assorty de tous
ses ornemens qu'on explique
de cette sorte.

D'azur à 3. fleurs de lys d'or
2. & 1. l'escu tymbré d'un casque ouvert d'or placé de front,
assorty de ses lambrequins d'or
& d'azur, couronné de la couronne Imperiale Françoise,en-
touré des colliers des ordres
du S. Esprit & S. Michel,soû-
tenu par deux Anges vestus en
Levites ; la Dalmatique des
emaux de l'escu tenans chacun

SEV VENERE SOLO SEV SVNT
HÆC EDITA COELO.
HÆC SVNT DIGNA SOLO LILIA
DIGNA POLO

une banniere de France: le tout placé sous un grand pavillon d'azur fleurdelisé d'or doublé d'hermines, le comble rayonné d'or, & couronné de la couronne Imperiale Françoise. Ledit pavillon attaché à la banniere ou oriflame du Royaume.

Le cry de guerre de nos Roys, est, *Montioye S. Denys.*

La devise qu'on leur donne est prise de l'Eloge que le Fils de Dieu donne aux lys dans l'Escriture. LILIA NON LABORANT NEQUE NENT : on luy fait faire allusion à la Loy Salique, qui exclud les filles de la Royauté.

I'ay ajoûté à tous ses ornemens un Epigramme Latin sur l'origine des l'ys.

Seu venere solo, seu sunt hæc edi-
ta cælo.
Hæc sunt digna solo Lilia, digna
polo.

Quelques uns representent les Anges supports armez, & les nomment vestus en Hermes, c'est à dire en Mercures; mais l'habit pacifique, & sacré que je leur donne se trouve dans tous les anciens monumens,& il me semble que c'est faire injure à ces intelligences de leur donner le nom d'un demon,qui a esté adoré par les Idolatres, outre que cét habit Levitique nous represente mieux la personne sacrée de nos Roys,dont l'ancien manteau Royal est fait en Dalmatique.

TABLE

TABLE DES CHAPITRES.

*

Table des Chapitres.

TABLE

* 2

* 3

F I N.